À Pascale et Hervé, qui savent si bien nous soutenir.

1.

Les grandes occasions permettent de rassembler ceux que la vie a dispersés. Longtemps à l'avance, on a entouré en rouge la date sur son agenda pour être sûr de ne pas l'oublier, on a pensé à sa tenue, aux cadeaux. Le jour J, tout est prêt, ils sont tous là... ou presque. Le soleil martèle la place de la mairie, Saint-Circe s'étire dans la chaleur de l'été. Les maisons du village ont oublié leurs jalousies : toutes fenêtres ouvertes, il s'agit de ne rien rater. Ils attendent tous. Pour savoir quelle robe portera la mariée, qui sont les invités. Un petit groupe d'intimes bavarde à l'ombre des platanes et, bien que l'atmosphère soit à la fête, quelque chose d'électrique se propage, une impatience mêlée d'inquiétude...

À l'ombre d'un tilleul, une femme élégante, un peu serrée dans son tailleur blanc, ouvre nerveusement son petit sac et en sort un miroir à main. « Le maquillage tient bien », se dit-elle, pour se rassurer, agréablement surprise à la vue de ses yeux bleus ourlés d'un trait noir, de sa bouche bien dessinée, de ses boucles châtains qui sortent de son chapeau. « Pour cinquante ans, je suis encore bien conservée. » C'est vrai, elle est belle, cette mère de quatre filles. On dirait que le temps l'a épargnée. Elle a toujours son minois d'adolescente, à peine quelques fines pattes d'oie autour des yeux et deux rides au coin de la bouche, comme une parenthèse… Carla referme son sac et scrute l'horizon, elle se désespère, n'en finit pas de questionner Sabine, la plus jeune de ses filles. L'horloge vient de sonner trois heures, et Marie n'est pas encore là. Sabine lui prend le bras, câline. Dix-sept ans ! Plus une enfant, pas encore une adulte.

Avec une moue de petite fille, Sabine fait voler ses longues mèches, jette sur sa mère un regard noisette, taquin… Elle porte une robe légère achetée à Cannes, dans une boutique très chic, un décolleté mis en valeur, des hanches en amphore. Marie ? Elle est si impatiente de la voir. Marie, partie depuis trop longtemps. Médecin humanitaire, elle revient du Kosovo. Régulièrement, des lettres parfois indignées mais toujours pleines de courage sont arrivées au domaine. Marie, son alliée, celle qui la comprend, tellement attentive, jamais pesante, toujours désireuse d'arranger les choses. Marie… comme elle lui a manqué ! Il faut absolument qu'elle soit là, au mariage de Béa, sinon la fête n'en sera pas une.

Depuis leur enfance, les quatre sœurs vivent dans ce grand domaine familial, un imposant mas de Provence lové dans un nid de verdure, entouré de collines, de garrigues et de pins. Un toit de tuiles roses, une jolie tourelle dans un coin du jardin ; une vue imprenable sur la montagne d'un côté, sur la mer de l'autre. En contrebas s'étend le village de Sospel, traversé par une rivière timide. Le père de Carla est né là, et lui a légué son bien. Car, après ses études de médecine inachevées, Carla s'est mariée avec François Valbonne. Ils ont eu quatre filles… sa fierté. L'héroïne du jour, Béatrice, vit depuis plus de dix ans avec Marco, qu'elle épouse aujourd'hui. La plus jolie des demoiselles d'honneur sera leur fille, Emma, toute belle avec sa robe liberty et son chapeau de paille. Agnès, l'aînée, n'a pas la même chance ; célibataire, elle vit au domaine, collectionne quelques histoires sans lendemain. Très attachée au domaine, elle gère les biens, l'oliveraie, s'occupe de sa petite sœur Sabine. Toutes sont très liées, viscéralement. Enfants, elles passaient des heures à jouer autour de la maison, à monter à cheval ; on invitait les voisins, les Lantosque, aux anniversaires et au réveillon : Guy, le père, Pierre et Alex, les deux frères. Leurs compagnons de jeu de toujours. Guy est là, bien sûr, un grand homme engoncé dans son costume noir.

Carla a une pensée pour François, il aurait été si heureux d'assister au mariage de sa fille aînée. Il l'adorait, elle était sa préférée. Cela fait déjà huit ans qu'il est mort, ce fou d'archéologie, mort bêtement dans un accident de plongée.

— Cool, maman, l'avion a peut-être eu du retard… Marie va venir, elle l'a promis, dit Sabine qui tente de contenir son inquiétude, pour ne pas affoler sa mère.

Mais quand on a quatre filles, comment ne pas se ronger les sangs ?

Quinze heures dix. Toujours rien. L'employé municipal invite Marco, le futur marié, la famille et les amis à ne plus tarder, monsieur le maire est prêt. La mariée, Béatrice, se fait attendre, elle aussi. Préparatifs, stress, dernières petites touches… La voilà enfin, dans une voiture conduite par sa sœur Agnès. Tous les yeux se tournent vers elle, c'est son jour. Mais Béa remarque à peine la grappe d'invités qui la dévisage, elle ne voit qu'une chose : Marie n'est pas là ! Marco, angoissé autant par l'idée de se marier que par ce retard, n'en finit pas de s'énerver, mais rien n'y fait, Béatrice refuse d'entrer dans la mairie tant que Marie n'est pas là. Dans la rumeur qui monte, on entend jaser les invités : Béatrice n'est pas commode, elle est autoritaire, c'est une femme entière… Ce qui revient à dire qu'elle a mauvais caractère. L'employé de mairie revient ajouter une dose de nervosité : le mariage suivant sera là dans quelques minutes, on ne peut vraiment plus attendre. Béa temporise, tente d'obtenir un quart d'heure de patience supplémentaire, jure qu'elle ne se mariera pas sans sa sœur, mais Marco la prend par le bras et l'entraîne dans le hall de la mairie, les invités leur emboîtant le pas.

— Chérie, une seconde de plus et je risque de changer d'avis !

Béa soupire, se retourne, c'est à peine si elle voit prendre place le vieux Paziols, maire de Saint-Circe depuis des lustres. Elle écoute distraitement son discours de bienvenue.

— Ma chère Béatrice, c'est un immense plaisir pour moi de célébrer ce mariage. Ce n'est pas tous les jours qu'un maire a le bonheur de marier sa première adjointe…

Mais Béa est ailleurs. La cérémonie continue comme si de rien n'était ; Paziols lit, avec une infinie lenteur, les articles du Code civil, puis prononce la phrase rituelle :

— Béatrice Valbonne, acceptes-tu de prendre pour époux Marco Lambrusse, ici présent ?

Pas de réponse, un long silence de stupeur. La future mariée scrute sa montre. Marco se penche vers elle et dit tout bas :

— Béa… Ohé, ma chérie ! Tu as entendu la question ?

Elle sursaute, regarde Marco, atterrée, puis le vieux Paziols qui repose — solennellement — la même question…

Soudain, un bruit de pas, un soupir général, des grincements de chaises. Marie vient de surgir au fond de la salle ; elle est à bout de souffle, mal coiffée, simplement vêtue d'un jean et d'un tee-shirt froissé, mais elle est là. Dès qu'elle la voit, Béa s'écrie :

— Oui… oui ! Et, se retournant vers le maire, elle enchaîne les oui… plus moyen de l'arrêter.

Après tant et tant de tension, tout retombe, délicieusement, dans le bonheur sans faille de cette journée de plein soleil. Les sœurs s'étreignent de joie, plus rien maintenant ne viendra ternir la fête.

2.

Sur la terrasse de la propriété des Valbonne, l'après-midi s'enfonce dans une douce tiédeur, chacun retrouve avec émotion cette maison, cette vue imprenable sur la vallée où les oliviers ondulent dans une lumière fauve. Les sons de l'orchestre se dissolvent dans l'air, quelques moucherons ivres de soleil dansent dans les rares coins d'ombre alors que des couples se forment pour une polka. La nature elle-même semble rire et soupirer d'aise.

Au premier étage de la maison, Agnès et Sabine ont pris Marie en main, elle ne peut pas rester habillée ainsi. Dans cette chambre qui porte encore de nombreuses traces de son adolescence, elles se pressent autour de leur sœur, qui parle en se déshabillant à toute vitesse :

— … Trois heures de retard ! C'était à devenir dingue ! Trois heures à l'escale de Sarajevo ! Et en plus, ils ont paumé mes valises. Je te raconte pas le scandale que je leur ai fait à Nice !

Plongée dans le grand placard de la chambre, Sabine propose

à Marie des robes qui lui paraissent démodées, immettables. Elle n'en porte plus depuis longtemps ; celle-là, rouge à pois noirs, elle l'a mise tout un été… du temps de ses amours avec Alex. Celle-ci, fuchsia, lui rappelle trop ses soirées d'étudiante à la fac, de toute façon, elle est trop courte. Sabine lui conseille un petit tailleur bleu à raies blanches ; elle se laisse faire et l'enfile. Agnès intervient peu, elle admire l'énergie de Sabine, son assurance, pour ses dix-sept ans, elle-même n'a pas l'aplomb de ses sœurs. Comme si sa vie n'avait pas encore commencé, ou qu'une blessure l'ait à jamais assombrie.

— Non, ça va pas finalement, tu es trop plate… dit Sabine. Ni ça… La rouge, peut-être ? Je crois que oui. Une vraie reine !

Marie a maigri, des cernes de fatigue marquent ses yeux. Elle a voulu partir, pas seulement pour l'amour de l'humanité et des plus démunis… Il y a sans doute d'autres raisons, des blessures, le désir d'oublier…

— Alors, qu'est-ce que vous faites ?

Béatrice entre dans un froufrou de robe longue. Elle a laissé ses invités pour ne pas perdre une seconde du plaisir d'être avec Marie, elle lui propose des escarpins, mais, habituée aux baskets, Marie refuse. Ces sandales blanches iront très bien. Chaque geste est un signe d'affection, de dépendance, elles sont malheureuses d'être séparées, mais, quand elles sont réunies, c'est toujours la même histoire, le même survoltage. Sabine, débordante de vie et d'énergie, virevolte, elle s'approprie Marie.

— Il faut que tu assures en plus. Il faut être impec, super sexy ! Béa t'a prévu une place à table à côté du beau Pascal…

— Je n'ai rien demandé, moi, répond-elle amusée.

— Moi, je suis hors jeu maintenant, dit Béa en montrant son alliance.

— Elle veut te le refiler pour éloigner la tentation ! lance Agnès en riant.

Émue, Béa regarde s'habiller Marie. Une vraie garçonne ! Un corps mince, des cheveux courts, des yeux pétillants, Marie n'a rien d'apprêté. On dirait une « bourlingueuse ». Jamais maquillée. « Un charme naturel », disait leur père. De toute évidence, Marie jubile de les retrouver et d'être dans sa maison ; elle réajuste sa robe, pas très à l'aise dans ce genre de tenue, demande à rester seule un instant pour finir de se préparer.

Quelques minutes plus tard, pomponnée, resplendissante, elle descend l'escalier et se dirige lentement vers une porte, elle hésite une seconde avant d'ouvrir, bouleversée à l'idée de pénétrer dans le bureau de son père. Tout ici est resté en place, exactement comme il l'avait laissé : les livres, les statues, les poteries anciennes, quelques fragments d'amphores, et cette belle tête d'Aphrodite dont le regard étrange lui apportait la paix, avant qu'il ne soit... emporté par sa passion et par la mer. Mystérieusement englouti. Marie a beau fouiller sa mémoire, comme déjà tant et tant de fois, en espérant savoir enfin ce qui s'est passé ce jour-là, elle ne trouve qu'un grand trou noir... François plonge, en quête de quelques vestiges archéologiques et, après avoir indiqué une lueur pâle, il disparaît derrière un rocher. Elle le cherche des yeux, il est très loin, très profond, il agite les bras en signe de détresse et puis, d'un seul coup, la nuit, plus rien. Quand elle revient à elle, Marie est allongée dans une barque, sous le soleil, l'azur éclatant lui fait mal aux yeux. Son masque de plongée est posé à côté d'elle, des heures ont passé ; elle est seule. Il lui manque tellement, ce père chéri. Elle entend sa voix, revoit son sourire. Lorsqu'elle venait s'asseoir près de son bureau, il lui racontait l'histoire de la cité engloutie, rendait tout vivant, il était si proche d'elle ; il l'écoutait. À qui d'autre se confier ? Pas à Carla, elle est trop occupée, trop absorbée par ses plantes. C'est Marie qui a le plus souffert de la disparition de François, et pour cause, elle s'en croit coupable…

— Marie !

La jeune femme sursaute. Sa mère vient d'entrer dans le bureau.

— On n'attend plus que toi pour ouvrir le champagne !

Carla suit le regard de Marie, perdu dans la contemplation d'une photo de François, et comprend tout de suite ce qu'elle est venue chercher ici. Elle pose une main sur l'épaule de sa fille, qui lève vers elle des yeux emplis d'angoisse.

— Maman… J'y pense sans arrêt. Il faudrait que l'on sache. Je sais que tu n'aimes pas en parler. Mais pourquoi toujours occulter la réalité ? Les secrets de famille, ce n'est jamais bon… qu'à créer encore plus de malheurs. Pour s'en libérer, il faut les sortir de l'ombre. Dis-moi ce que tu sais…

— Arrête, chérie, ce n'est pas le moment de penser à ça, pas aujourd'hui… Tu viens à peine d'arriver et déjà tu me fatigues avec ces histoires de plongée.

— Pourquoi je suis remontée et pas lui ? Pourquoi je ne me rappelle rien ?

— Un malaise, il s'est noyé, je te l'ai dit cent fois, c'était un accident, rien de plus.

Carla prend Marie par le bras, cela ne sert à rien de rester ici, il vaut mieux retrouver la noce, se changer les idées. Il fait très doux, tous sont réunis sur la terrasse. Deux grandes tables recouvertes de nappes blanches, un buffet, une pièce montée. Tout à l'heure, on dansera, pour l'instant, les mariés passent de l'un à l'autre. Un baiser, un mot gentil, un merci pour un cadeau. Puis Béa ouvre le bal avec Marco, une valse, bientôt d'autres les rejoignent sur la piste, même Marie virevolte dans les bras de son voisin de table, tout sourire. Carla en a les larmes aux yeux. Assise à côté de son ami le docteur Lodz, elle les regarde, elle a l'air heureuse, mais ce n'est peut-être qu'une façade, une apparence…

— Il paraît que vous revenez du Kosovo ? glisse à Marie le « beau Pascal », comme dirait Sabine. Ce n'était pas trop dangereux, là-bas ? Les balles qui sifflent, les chars… Pas trop dur non plus, toute cette misère ?

— Oh ! vous savez, on s'habitue à tout. L'ambiance de la guerre, ça finit même par être excitant, on se serre les coudes, on tisse des liens secrets et, surtout, on n'a pas le temps de penser. Il faudra que j'y retourne…

— Pas trop vite, j'espère…

— Et vous, que faites-vous dans la vie ?

— J'ai une entreprise nouvellement installée dans le port. Je m'occupe d'un centre de plongée, promenades en mer, découverte des fonds, récupération d'épaves… Dites, Marie, tout va bien ?

Marie s'est brusquement assombrie : il fait de la plongée sous-marine… mais elle se reprend, sourit. Pascal propose une balade dans le monde du silence.

— C'est gentil, mais l'eau… vous savez, ce n'est pas mon élément. Et puis, je repars dans trois jours, je n'aurai pas le temps.

Une danse se termine, une autre commence. La douceur du temps invite aux rapprochements, aux confidences. Près du buffet, Marco discute avec Agnès.

— J'espère que tout ça te donne des idées, lance-t-il en parlant mariage.

— Pas plus que ça… Pas vraiment, pour être franche.

— Pourtant, tu vois, ça n'arrive pas qu'aux autres… Regarde-nous, ta sœur et moi, nous ne faisons pas pitié ! Qu'est-ce que tu attends pour nous ramener un jules, de temps en temps ? Vivre chez sa mère, ce n'est pas une vie !

— C'est la mienne ! répond-elle en coupant court gentiment, puis elle s'éloigne, les mains encombrées par une assiette de viande froide et une flûte de champagne.

Un peu plus loin, Marie invite à danser son parrain, le docteur Lodz. Deux médecins pour une valse lente.

— La vie est trop courte, ma chérie, pour ne se consacrer qu'à ses malades. On le comprend toujours trop tard…

— Vous faites exactement comme moi, tout le temps en train d'aider les autres.

Le vieux médecin commence à fatiguer et demande à retourner s'asseoir, Marie l'accompagne à sa table. En chemin, Pascal la sollicite pour le prochain slow, mais elle ne lui répond pas. Son attention est concentrée sur Lodz, qui, assis près de sa femme, respire difficilement, le front mouillé de sueur. Brusquement, il porte une main à son cœur, grimace de douleur et s'effondre.

— Appelez le Samu ! jette Marie en se précipitant à son secours.

Elle allonge Lodz sur le sol, déboutonne sa chemise, commence un massage cardiaque. Les invités forment cercle autour du malade, tout le monde retient son souffle, personne ne dit un mot. Après quelques minutes qui semblent une éternité :

— Il revient ! Oui ! s'écrie Marie, soulagée. Il revient ! Allez, éloignez-vous, vous l'étouffez.

Puis elle approche son front de celui du vieux médecin et, les yeux fermés, pousse un long soupir de soulagement.

Le verdict est tombé pour le docteur Lodz : triple pontage coronarien, d'urgence. Il avait déjà eu quelques alertes bénignes, mais, cette fois-ci, c'est grave. Il est cloué à l'hôpital pour un bon moment. En attendant, Marie lui a proposé de se charger de ses malades, le temps qu'il soit opéré et se remette sur pied. En entrant dans son cabinet, Marie se sent étrangère. Tout est en place, le bureau, les stylos, les ordonnances, le carnet de rendez-vous, ouvert. Quelqu'un patiente déjà dans la salle d'attente. Lundi 2 mars, 9 heures : madame Mercier. Marie s'assied, respire un instant.

— Si j'avais choisi d'être à mon compte, je serais à cette place… Ce n'est vraiment pas ma vocation.

Elle se lève, fait entrer une dame un peu ronde, au sourire jovial.

— Bonjour, madame, je suis la remplaçante du docteur Lodz, il est souffrant.

— Rien de grave ? Bon. Je viens pour mes ganglions. Ils me gênent, ça gonfle… Voyez, touchez…

Elle tend sa gorge à Marie, qui palpe les deux petites boules.

— Oui… je vois. Examinons ça de plus près.

Elle éclaire la gorge à l'aide d'une lampe de poche.

— Apparemment, pas d'infection.

— Mais puisque je vous dis qu'ils me gênent ! Vous savez, j'en ai tellement marre de mon mari que j'en ai les boules !

— Certaines de nos maladies résultent de nos émotions… Le corps parle à sa façon. Je vais vous prescrire un médicament qui vous fera le plus grand bien, du fer, quelques oligoéléments.

— Et vous êtes sûre que ça suffira ?

— Largement ! Ne vous en faites pas…

— Merci, docteur, mais si ça gonfle, je reprends rendez-vous…

Tout en la raccompagnant vers la sortie, Marie soupire intérieurement : « Heureusement que là-bas je n'ai pas ce genre de problème. Des broutilles. Ici, plus l'ordonnance est longue, plus le patient est content. Maman a sans doute raison. » Elle pense à Carla, à sa conception de la médecine, de la phytothérapie… Lorsqu'elle était étudiante, elle a souvent souri devant ses tisanes ridicules, « des placebos ! », mais maintenant, elle est convaincue que les maladies viennent souvent de l'âme ; l'esprit se rebelle. On se laisse aller, on ne prend pas soin de son corps, des drames vous minent, créent des ulcères, des cancers… Ces boules ? Qu'est-ce sinon un cri étouffé du corps ?

Quinze jours se passent. Les patients de Samuel Lodz sont des habitués, la plupart regardent Marie d'un air perplexe ; elle est trop jeune, pensent-ils, pour avoir de l'expérience. Les malades imaginaires ont d'abord besoin d'être écoutés et Marie, rompue aux urgences et à la détresse des plus démunis, les considère avec un mélange d'amusement et d'agacement. Entre deux visites, elle se rend parfois au domaine, pour aller discuter un peu avec sa mère. Elle la trouve la plupart du temps dans son herboristerie, en train de préparer des remèdes à l'ancienne. Vêtue d'un tablier bleu, Clara range dans des bocaux vert d'eau, bleus ou violets, des plantes cueillies dans les environs : serpolet, menthe, thym sauvage, reine-des-prés, sauge…

Aujourd'hui, cependant, elle surveille la traite de l'oliveraie ; Franck, l'ingénieur agronome, s'en occupe depuis huit mois et dirige les ouvriers agricoles. Certains arbres centenaires ont besoin de coupe, de soins attentifs, ils ont échappé par miracle à la tempête de décembre 1999. Marie aime se promener en compagnie de sa mère sous ces frondaisons d'un vert changeant.

— Comment va Samuel ?

— Pas mal, l'opération s'est bien passée, mais il ne pense qu'à s'échapper de sa chambre d'hôpital !

Tout en marchant, Clara ne cesse de jeter des regards autour d'elle, pour repérer telle ou telle plante et la déposer dans un large panier d'osier. Cette valse entre les troncs, dans les sentes parfumées, fait sourire Marie : tous ces remèdes de bonne femme! À quoi cela peut-il servir ? De toute façon, dès qu'un malade présente des symptômes alarmants, Clara l'envoie à son ami Lodz, c'est plus prudent... et désormais, elle les confiera à sa fille, avec une secrète fierté.

Dans l'air bruissant, un bruit sourd monte de derrière les collines, un galop ; c'est Sabine, sur sa jument Lola. Toutes les filles Valbonne sont bonnes cavalières, mais la petite dernière est vraiment passionnée par les chevaux, depuis sa plus tendre enfance. Elle est inscrite dans un club voisin, et s'entraîne avec acharnement... Elle a même commencé à passer des concours, sous la houlette de David, un nouveau professeur. Depuis un an, elle est autorisée à chevaucher seule, et, bien qu'elle connaisse la région, elle découvre souvent de nouveaux coins. La Provence, terre inépuisable de beauté... Une liberté nouvelle s'ouvre à cette adolescente volontaire et confiante. Carla la regarde approcher, non sans une pointe d'inquiétude. Et si elle heurtait un tronc, si l'animal s'emballait... Carla ne peut s'empêcher de se faire du souci pour cette petite, plus que pour les autres. Avec le temps, elle a appris la valeur de ceux qui l'entourent, la vie l'a suffisamment secouée. Elle s'apprête à donner quelques conseils mais se ravise, de peur que la jeune fille ne se braque... D'ailleurs, elle a mis pied à terre.

— Dis, Marie, je voudrais me promener un peu avec maman, ça t'ennuie de ramener Lola ?

Un grand bol d'air pur, cela changera de l'atmosphère confinée du cabinet ! Sans hésiter, Marie commence à fendre la campagne environnante. Retrouver les senteurs de l'enfance, les impressions fugitives qui restent comme incrustées dans la mémoire. Il suffit de quelques instants pour les savourer toutes, elles flottent dans la transparence, pénètrent la mémoire, soignent plus efficacement qu'un médicament.

Marie a lancé Lola dans un chemin escarpé quand soudain, à mi-pente, la jument s'arrête. Elle hésite, ses naseaux tremblent. Elle a senti quelque chose, elle a peur. De plus en plus nerveuse, la jument refuse de faire un pas de plus. Marie saute à terre et essaie de la calmer en lui parlant doucement, caresses à l'appui. Mais Lola piaffe, hennit, se cabre, arrache les rênes et file au galop à travers bois. En tentant de la suivre, Marie aperçoit une forme, derrière un bosquet de bruyères. Lentement, elle avance, sans faire de bruit, et se retrouve face à face avec une louve qui montre les crocs. Terrifiée, Marie recule, mais la bête en position d'attaque ne rebrousse pas chemin. Une voix venue de nulle part crie :

— Flavia ! Calme…, et d'un ton plus ferme : Calme, j'ai dit !

De derrière un rocher a surgi Alex Lantosque, un des fils du voisin. Aussitôt, la louve arrête de gronder et se couche, sans quitter Marie des yeux.

— Il ne faut jamais reculer, Marie, ta peur lui fait peur.

— Facile à dire !

— De toute façon, elle ne t'aurait pas attaquée, elle n'a pas assez faim… — et il jette un morceau de viande crue à la bête, qui l'engloutit en un rien de temps — je l'ai soignée, elle me connaît.

— Il faut que je retrouve ma jument !

— Elle ne doit plus être très loin de son écurie… — et après un court silence — tu sais, je me doutais que tu serais par là, dans le coin… Béa s'est mariée, c'est bien ça ?

— Oui, c'est ça, répond Marie un peu gênée, et toi, tu vas bien ?

— C'est gentil de passer me voir !

La réponse a le ton d'un reproche. Elle n'y avait pas pensé, n'en avait pas eu envie et pourtant… ils se connaissent depuis toujours et, depuis toujours, Alex aime Marie, qui ne le lui a pas souvent rendu. Il est grand, brun, robuste, les épaules larges et musclées, ses longs cheveux noirs, trop longs, lui tombent sur le cou, des yeux d'un bleu lumineux, comme un appel, une voix grave et modulée ; toujours habillé d'un jean, de baskets. Marie préfère éluder, ne rien justifier. Ils ne se sont jamais vraiment compris, question de longueur d'onde, sans doute. Incompatibilité de caractère, diraient certains… Mais quelque chose de nostalgique les rapproche un instant, et Marie accepte de le suivre, comme jadis. C'était un été radieux, il y a déjà longtemps. Les adolescents se retrouvaient pour des soirées entre jeunes. On jouait à se reconnaître dans le noir. Alex avait frôlé Marie, effleuré ses lèvres, déposé un baiser furtif, le premier. Émotion, cœur battant. Ils avaient passé toute la nuit dans les bras l'un de l'autre, cachés sous le foin de la grange, dans cette odeur de paille chaude… Au matin, Alex était parti comme un voleur ; Marie s'était fait copieusement gronder. Carla lui avait même interdit de retourner chez les Lantosque. Ils se retrouvaient en cachette, dans une chapelle abandonnée, se promenaient sous la lune… Ils avaient leurs coins, leurs jeux.

La lumière décline sur la garrigue, le couple se fraie un chemin dans les buissons, sans se parler. Invisible jusque-là, une bergerie se dessine sur le flanc crayeux de la montagne, une espèce de refuge de pierres.

— Ne me dis pas que tu habites là !

— C'est ici que j'étudie les loups.

L'endroit n'a rien d'un palace, le minimum, une table rustique, un lit étroit, un grand fauteuil, une étagère où sont posés des jumelles, des cahiers, et, au mur, une carte d'état-major où est délimité le territoire de la meute.

— Je n'ai que de la prune, ça ira ? Je ne reçois pas souvent…

Marie acquiesce. Alex remplit deux verres à moutarde. Ils trinquent, boivent une petite gorgée.

— Les loups viennent d'Italie, on les a réimplantés. Les éleveurs de brebis râlent, c'est comme ça… Je travaille avec des chercheurs de l'université de Nice. On essaie de les protéger… C'est pas facile mais passionnant.

Tous deux sont nerveux, une attente peut-être, l'envie d'effacer d'anciens malentendus ?

— L'homme aux loups… ! Ça te va comme un gant ! lance Marie pour détendre l'atmosphère.

— On peut dire ça…

Un silence s'installe. Marie s'efforce de le rompre en s'excusant de son attitude passée :

— Tu sais, Alex… J'ai quand même pensé à toi pendant toutes ces années. Je te jure que c'est vrai. Mais dès que je suis ici, au pays, je n'ai qu'une envie, c'est de foutre le camp… Ça me démange, ça n'a rien à voir avec toi. J'espère que tu me comprends, et que tu ne m'en veux pas…

Il la dévisage sans mot dire ; Marie ne sait que faire, elle boit un peu de prune, pose son verre sur la table, laisse glisser ses doigts sur le dos d'une chaise en paille. Elle ne peut en rester là, il ne répond pas, elle insiste :

— Et toi ? Raconte un peu… Marié ? Divorcé ? Remarié ?

— Non, rien de tout ça… Pas plus que toi…

Le silence perd de son intensité, Marie le regarde au fond des yeux et ne peut s'empêcher de sourire. Non, les plus belles rencontres ne se font pas forcément au bout du monde. Il a cherché à la retenir, autrefois, en vain. Et, face à une complicité retrouvée grâce à un zeste d'ironie et de tendresse voilée, ils esquissent un commun sourire.

— Bon, tu me ramènes ? Ils vont finir par être inquiets, à la maison.

Alex la reconduit dans son vieux 4×4 et repasse, volontairement, par les chemins qui plaisaient tant à Marie, il y a longtemps. Arrivés à Valbonne, Marie hésite avant de descendre, elle le regarde. Alex arrête le moteur et, troublé, se penche, avance une main, la pose sur la jambe de Marie, qui se laisse faire. Leur désir les porte et, sans vouloir résister, ils s'embrassent longuement dans la nuit ; ne brillent à quelques dizaines de mètres que les lampes de la salle à manger… Alex se retourne, commence une étreinte plus serrée, plus enflammée, mais Marie, doucement, se dégage.

— Écoute, je ne serai pas là longtemps…

Elle n'achève pas sa phrase, se recoiffe rapidement et, comme pour justifier sa conduite, son recul :

— Tu sais, depuis tout ce temps, j'ai beaucoup changé.

Et Alex joue le détachement alors que ce refus le blesse.

— Tu as changé ! Tant mieux. Alors, adieu, Marie…

Elle ne veut rien dévoiler de son émotion, lui lance un bref regard, pour contrer cet adieu désinvolte et provocateur, sort de la voiture et s'éloigne sans se retourner. Alex ne la regarde pas rentrer au domaine, il ne passera pas la nuit seul à la bergerie, alors autant passer chez Guy, son père. Sa propriété n'est qu'à quelques centaines de mètres de celle des Valbonne. Dans la cour, Guy décharge un camion, aidé de Pierre, le cadet. Ce dernier lance à son frère un sac tiré d'un carton.

— Tiens ! Pour tes copines… Regarde ça, si c'est pas beau !

— Des faux, du toc, rien de plus… et vous finirez par le payer cher, répond Alex en renvoyant le sac. Non, je ne mange pas de ce pain-là, je préfère mes loups ! Vous allez encore me dire que je ne sais pas ce que je perds… Mais je sais ce que je gagne !

3.

Le lendemain matin, petit-déjeuner en famille chez les Valbonne. Autour de la grande table, les filles parlent cheval. Tout en beurrant sa tartine, Agnès conseille à Sabine de ne pas pousser trop tôt Lola devant l'obstacle. L'air de rien, la cadette en profite pour raconter que la jument est rentrée seule, hier. C'est sans doute à cause des loups, elle était affolée, elle a dû s'échapper.

— Des loups ? S'il y en avait, Alex n'était sûrement pas loin ! s'écrie Agnès en se tournant vers Marie.

Le visage de Marie se ferme à la seconde. Agnès insiste. Les sœurs savent la nature des liens qui unissaient Alex et Marie et ce qu'il est advenu. Un rendez-vous manqué. Toutes ces questions matinales énervent Marie, qui, lassée de devoir s'expliquer, pique une tartine, et quitte la pièce. Carla l'arrête sur le seuil.

— Tu sais ce que je pense des Lantosque. Ils sont mêlés à des affaires louches. Ils trafiquent. Un de ces jours, Guy… Eh bien il se fera pincer. En tout cas ne t'approche pas de lui, ni de l'autre,

Pierre. C'est un type dangereux. Avec ces gens-là, tu n'auras que des ennuis. Je t'interdis d'aller chez eux.

Un instant surprise par la violence qui tremble dans la voix de sa mère, Marie la dévisage avant de répliquer :

— Alex n'est pas comme ça, lui, je suis sûre qu'il n'y est pour rien…

Marie se dégage et traverse la cour en mangeant sa tartine. Elle file à l'hôpital pour rendre visite au docteur Lodz. Il se remet lentement, demande des nouvelles de ses malades plus qu'il ne donne des siennes. Médecin de campagne et médecin humanitaire, ce n'est pas le même métier, la même vocation. D'un côté des habitués, des cas faciles, de l'autre des inconnus, des cas désespérés. Ce n'est pas la même psychologie, l'urgence suppose une tension permanente et un certain détachement, sans quoi, tout ce malheur vous broie. Ce matin, Marie a besoin de parler, de son père une fois encore. Essayer de comprendre, de prendre à témoin. Elle a toujours l'impression qu'il va réapparaître, d'une seconde à l'autre, mais ce n'est qu'une impression, un désir obsédant. Elle veut savoir ce qui s'est réellement passé ce jour-là. Elle se torture l'esprit, elle le sait, Lodz a raison. Elle aimerait tant être en paix, aussi tranquille que le regard de la statue d'Aphrodite dans le bureau de son père… Ici, au pays, c'est intenable, elle y pense sans arrêt. C'est une des raisons de son départ, au bout du monde, la pression de cette terrible question se relâche un peu, elle y pense moins. La souffrance des enfants efface un moment la sienne. Il faudrait oublier, elle essaye, de toutes ses forces, et sait qu'elle n'y parviendra que lorsque tout sera enfin clair. Quand ?

En sortant de l'hôpital, Marie décide d'aller se promener un peu sur le port, au calme. Longtemps, elle regarde la mer, sans trouver une seule réponse. C'est toujours le même trou noir. Une douleur que rien n'apaise. L'immensité a pris son père, elle ne le lâchera pas. À quelques mètres, elle remarque une enseigne « Abyss », c'est la société de plongée de Pascal. Il n'est pas là, Marie s'installe sur un banc, face au large. Bientôt un hors-bord s'approche à toute vitesse. C'est lui, en combinaison de plongée. Elle lui adresse un signe de la main, il la reconnaît, amarre le bateau et saute sur le quai.

— Hello, ma belle ! Tu es venue me voir ?

— Pas vraiment, mais...

— Ça te dirait d'aller plonger ? J'ai sorti des bouteilles.

— Pourquoi pas...

— Parfait. J'ai découvert des fonds fabuleux, répond Pascal, qui ne s'attendait pas à cette réaction ; au mariage, elle lui avait confié avoir une peur bleue de l'eau...

C'est un défi personnel. Marie veut y aller, mais tout de suite ; il se peut que plus tard, le cœur lui manque. Pascal rassemble un équipement, puis l'aide à monter sur son bateau, une vedette rapide avec un puissant moteur. Marie s'installe bien au centre, se cramponne, ses cheveux volent. Pascal sourit, heureux. Après quelques milles, Marie, qui contemple l'eau comme hypnotisée, sans dire un mot, se lève doucement et enfile la combinaison. Nul besoin de lui expliquer ce qu'il faut faire, elle reconnaît même avoir le « niveau trois ».

Pascal ajuste son masque et plonge, mais Marie reste assise sur le bateau, tétanisée, tremblant de la tête aux pieds sans pouvoir se contrôler.

— Qu'est-ce qui ne va pas ? demande Pascal en refaisant surface.

— Ça va passer... L'appréhension... Un accident de plongée...

— N'y vas pas, si tu ne le sens pas !

Marie fait non de la tête, trop déterminée pour ne pas continuer. Une grande inspiration, elle plonge. Une fois à l'eau, malgré la beauté du site, sa nervosité décuple, elle a du mal à poser son souffle… Les signes apaisants de Pascal ne parviennent pas à la calmer, soudain elle bascule et s'enfonce comme une pierre. Elle est déjà à une dizaine de mètres quand il réussit à la récupérer, presque évanouie. Elle respire mal. Il la remonte le plus vite possible à la surface, enlève son masque et la hisse à bord. À demi consciente, elle ouvre enfin les yeux et regarde fixement le ciel. Un bleu intense, seulement perturbé de vagues nuages de chaleur… Une image fugace lui traverse l'esprit : elle voit quelqu'un la tirer hors de l'eau… il y a huit ans… Quelqu'un était là. Un mouvement, un bras qui la tire hors de l'eau, un bras puissant… avec un tatouage… Une fleur très particulière. C'est sûr, quelqu'un l'a remontée ! Mais qui ? Comment se serait-elle retrouvée seule dans cette barque ? Parfaitement consciente maintenant, Marie raconte à Pascal ce qu'elle vient de revoir en une seconde, moins peut-être, son premier souvenir à traverser le mur de l'amnésie. Elle qui s'est tellement tue, elle parle, elle ne peut plus s'arrêter, la mort de son père, le traumatisme, comment elle a fui son malheur pour s'occuper des autres, loin. Tout en pilotant vers le port, Pascal l'écoute, bouleversé.

À terre, Marie l'entraîne, elle veut qu'il l'accompagne, retourner avec lui dans un de ses endroits préférés. Là-haut, près du monument érigé à la gloire d'Auguste. Le panorama est somptueux. Elle se laisse aller à raconter… Petite, papa l'emmenait là souvent, il lui racontait l'*Odyssée*, l'histoire du bateau d'Ulysse et de la magicienne-guérisseuse Circé. Il était convaincu que le nom du village venait de là… Marie se souvient, la passion de son père pour l'archéologie, le calme avec lequel il racontait ces histoires, assis sur un piton rocheux dominant la mer. C'était comme nager dans les airs, retrouver le sens des choses et de l'histoire, les légendes se mêlaient à la réalité… Le jour où ils ont plongé ensemble, François voulait lui montrer quelque chose. Mais il n'a pas dit quoi, pour que la surprise soit entière. Et si quelqu'un avait voulu lui dérober sa découverte ? De sa voix chaude, rassurante, Pascal tente de l'apaiser. Autant laisser cela pour l'instant, en reparler plus tard, rentrer.

De retour au domaine, c'est d'un pas assuré que Marie se dirige vers le bureau de son père. Elle ferme la porte, s'installe confortablement et se plonge dans ses papiers, cherchant une trace, un indice. Inlassablement, elle parcourt des notes, des carnets de croquis de statues, des dessins de bas-reliefs, des cartes du littoral autour de Saint-Circe. Mais rien qui ouvre une piste. Soudain, venu de dehors, elle entend un sifflement caractéristique, deux notes très nettes, c'est lui. Elle s'approche de la fenêtre, nouveau sifflement, c'est bien Alex qui marche dans la pénombre. La nuit est tombée d'un coup, comme un rideau de scène.

— Tu viens ?

— Où ça ?

— Tu verras bien…

Après un instant d'hésitation, Marie soupire et sort. Il est venu la chercher pour observer les loups. Sans se toucher, mais tout près l'un de l'autre, ils marchent dans la nuit. Une demi-heure de route dans la campagne, ils sont sur le territoire de la meute. À couvert derrière une masse de rochers, ils attendent. Bientôt, deux loups approchent. Alex se penche, et tout contre l'oreille de Marie :

— C'est Flavia et Hector. Ils sont en couple, ils se sont choisis et resteront ensemble jusqu'à leur mort.

Marie comprend le message et jette un regard furtif à Alex,

mais il ne regarde que les loups. Flavia l'a flairé, elle se tourne vers eux, Alex se lève, l'appelle. Soudain, brisant le silence de la nuit, une détonation retentit ; les loups détalent, Alex plonge sur Marie pour la protéger. Un deuxième coup de feu déchire la nuit, Alex pousse un cri.

— Tu es touché ? Dis, Alex, tu es blessé ?

— C'est mon bras, c'est rien. Tais-toi ! Écoute !

Dans le silence revenu, des pas rapides s'éloignent.

— Viens, maintenant, la bergerie est tout près.

Ils avancent accroupis, le dos plat, en faisant le moins de bruit possible. Arrivés à la bergerie, Alex allume une lampe à huile qui diffuse une faible lumière. Marie déniche une trousse de secours, et, tout en nettoyant la plaie sur son bras gauche, grommelle :

— En six mois de Kosovo, il m'en est arrivé et pourtant, je n'ai jamais eu une telle frousse ! Je rentre chez moi et on me tire dessus...

— C'est sur les loups qu'on tirait, pas sur toi. C'est peut-être un berger en colère ou un taré de chasseur...

— Alex... Si tu ne t'étais pas jeté sur moi...

— Juste un réflexe.

Marie se souvient de tous les coups qu'il a pris pour la défendre, elle soupire profondément, le cœur lourd devant le visage fermé du jeune homme. Elle le sent loin, il est si distant de nature. Sans doute se préserve-t-il pour ne plus souffrir. Peut-être feint-il l'indifférence ? Elle pose la main près de la bande qu'elle vient d'enrouler autour de son bras, et dépose un baiser sur son épaule nue. Ils se regardent longuement, sans prononcer un mot, leurs visages nimbés par la lueur de la lampe. Marie penche la tête, cherche la bouche d'Alex et l'embrasse. Il l'enlace, caresse sa nuque, laisse ses mains glisser le long du corsage et commence une étreinte de plus en plus serrée. Il la conduit vers le lit étroit, sans cesser de déposer sur son visage de longs baisers. Il attend depuis trop longtemps, il ne tient plus, il en oublie la brûlure de sa blessure, et, comme emporté par une déferlante de désir, il arrache presque ce chemisier qui le sépare de la peau de Marie, de cette peau qu'il a envie de parcourir. Ils n'ont pas le temps d'atteindre le lit, leur commune passion les jette à terre, furieusement ; ils se laissent emporter par la fougue, par une irrépressible envie de combler l'absence. Ils respirent leurs corps, s'aiment, sans retenue, sentant se rompre en eux d'anciennes réticences. Marie n'ouvre les yeux que pour être sûre de la beauté de cet instant, il est bien là, aimant, attentif. À la violence commune de ces retrouvailles succède l'accalmie du plaisir pris. Elle le guide vers le lit où ils se soudent l'un à l'autre avant de s'endormir.

Au petit matin, réveillée par un rayon de lumière, Marie tend un bras, fouille les draps tièdes, il est parti. Elle se lève précipitamment, jette une couverture sur ses épaules, regarde par la fenêtre, il est à quelques mètres de la bâtisse, vêtu de son éternel jean, torse nu, en train de mélanger dans un bac des aliments pour animaux. Elle s'habille en toute hâte pour aller le rejoindre. Le soleil monte à l'horizon et commence à dissoudre les vagues brumes laissées par la nuit. La nature reprend ses odeurs, un petit vent frais venu de la montagne finit de réveiller les amants. En souriant, Marie s'excuse de devoir partir, une autre meute l'attend, celle de ses patients à la porte du cabinet. Il la regarde, toujours aussi silencieux, fait oui de la tête en continuant de mélanger les aliments, une fine poussière s'élève dans l'air humide.

— Alex… on ne peut pas rester sans réagir ! Il faut porter plainte.

— À quoi ça servirait ? Je te dis qu'on visait les loups, pas nous !

— Je suis sûre que non. Si tu ne veux pas y aller, moi j'irai.

— Laisse tomber, Marie, oublie ça ! Je réglerai cette affaire moi-même. Porter plainte est inutile et risqué, en plus. Tous ceux qui s'opposent à la présence des loups n'attendent qu'un prétexte, il ne faut pas le leur donner…

Marie, dubitative, soupire ; il lui caresse la joue du revers de la main, comme pour la convaincre ; elle finit par lui sourire. Elle ne sait plus que dire, et, juste avant de descendre le sentier, lui jette un long regard en murmurant :

— C'était beau… cette nuit… tous les deux… À plus tard…

4.

Marie rentre à Valbonne, se faufile dans sa chambre le plus discrètement possible afin de n'éveiller la curiosité de personne. Elle n'a aucune envie d'entendre les réflexions de ses sœurs et de sa mère, elle ira prendre son petit-déjeuner avec Béa, au bar de sa supérette. Peu de chalands à cette heure-là, Béa prend le temps de vivre et s'amuse de la tête un peu défaite de sa sœur.

— Oh la la ! On dirait que la nuit a été courte… Tiens, à propos, Pascal est passé hier soir. On a un peu parlé de toi. Il m'a dit que tu avais plongé avec lui, il m'a même parlé de ta vision… Marie, je te le dis comme je le pense, tu délires. Ton histoire d'homme mystère, de concurrent, ne tient pas debout. Papa n'avait pas d'ennemis, tout le monde l'adorait.

— Ce que tu ne sais pas, c'est qu'on m'a tiré dessus cette nuit…

Bouche bée, Béa pose sa tasse de café, en verse une à Marie et s'assied comme pour l'inviter à tout raconter. Alex, cette nuit, les loups, les coups de feu.

— C'est sans doute un berger furieux ou un chasseur, la rassure Béa.

— Oui, c'est ce que dit Alex aussi…

Marie se confie, elle a couché avec Alex. La tentation plus que l'amour, elle craint de faire n'importe quoi, de ne plus trouver ses repères ; et puis les circonstances, tout enfin se prêtait à une réconciliation.

— C'est un peu court comme explication, Marie, tu ne crois pas ? Tu t'es déjà demandé pourquoi tu n'es jamais bien nulle part ? Je crois que tu gamberges trop, essaie de prendre la vie simplement… Choisis un homme, fais un enfant, et basta !

Et Béa de rire d'elle-même, de ces lieux communs qu'elle vient de débiter… Une fois de plus, Marie coupe court, une petite bise sur le front de sa sœur et elle s'éclipse.

Au cabinet, beaucoup de femmes, une mère et sa fille, la petite Jeanne, et la belle Sylvie, la vingtaine resplendissante. Jeanne s'amuse avec des revues et n'a guère envie de se faire ausculter. Ce n'est presque rien, une laryngite, un sirop et tout rentrera dans l'ordre. Marie ne retrouve pas le dossier de la petite, il faut dire que le cabinet de Lodz est un vrai capharnaüm. Partout des piles de documentation, de vieux Vidal, des échantillons éparpillés sur des tas de dossiers. Quel est le classement ? Il semble qu'il n'y en ait aucun. Les noms sont écrits au feutre noir sur la tranche de la chemise, et parfois il n'y a même pas de nom… Marie retrouve miraculeusement le dossier de la petite Jeanne Villiers, mais, en le récupérant, renverse un amas de paperasses. Elle les ramasse en souriant, comme si elle avait l'habitude de ce genre d'accident et, stupéfaite, découvre, grand ouvert parmi les chemises de couleurs différentes, le dossier de sa mère, Carla Valbonne. Un détail la chiffonne, un mot qui l'a frappée, elle le pose à part, sur une table roulante, et se rassied. Elle le lira plus tard, la prochaine patiente a l'air pressée. Sylvie est en très bonne santé, elle vient pour connaître le résultat de ses analyses sanguines. Et bien que Marie soit tendue, inquiète de ce qu'elle a cru voir dans le dossier de sa mère, elle s'efforce de sourire.

— Vous êtes enceinte de cinq semaines… Je suis vraiment très heureuse pour vous. Félicitations.

Le visage de Sylvie s'illumine. Elle se doutait bien de quelque chose, mais n'osait espérer une telle nouvelle. Ce n'était pas prévu, tout est arrivé si vite ! Le papa n'est pas au courant, mais elle est sûre qu'il l'aime, alors… Marie la raccompagne en souriant devant ce bonheur communicatif. Trois autres patients dans la salle d'attente, et la matinée sera vite passée.

L'heure est venue de déjeuner sur le pouce, avant d'entamer les visites à domicile. Marie reprend le dossier de sa mère. Un détail ne colle pas, une invraisemblance. Elle relit deux fois le diagnostic qui l'a frappée. 1978, 3 mai, hôpital de Cannes, infection d'une trompe de Fallope. Puis le bilan de l'opération, ablation. Stupéfaite, Marie réfléchit. 1978… et Sabine est née en 1982. C'est impossible, il y a forcément une erreur ! Elle se plonge de nouveau dans le dossier… Et pourtant, c'est bien son nom et, par la suite, aucune trace de grossesse, pas d'accouchement, alors que les autres y figurent. La tête entre les mains, Marie repense à cette année 1982. Aucun souvenir de Carla enceinte. Des voyages en Suisse avec Agnès, pour commercialiser des herbes, des tisanes. Quoi ? Elle nous aurait menti ? Sabine aurait été adoptée ?

Le dossier sous le bras, Marie quitte le cabinet et file vers l'hôpital. Autant poser ces questions à celui qui sait : le médecin de famille. Lodz, qui a repris des forces, ne supporte plus sa chambre d'hôpital et commence à compter les jours qui le séparent de sa sortie. Plus qu'une semaine à tenir. En l'écoutant distraitement râler contre la nourriture de régime qu'on lui impose ici, Marie réfléchit à la façon d'aborder son problème. Elle ne sait pas trop comment s'y prendre. Finalement, elle choisit de raconter ce qui s'est réellement passé, le dossier de la petite Jeanne, la pile qui s'effondre, la découverte inopinée... Lodz ne dit plus rien. Son visage s'est fermé. Mais Marie n'en démord pas, c'est trop important.

— Qui est la mère de Sabine ? Samuel, vous m'entendez ? Carla s'est fait opérer d'une tumeur des trompes en 1978, elle est restée stérile, et donc elle ne pouvait plus avoir d'enfant... ! Pourriez-vous me dire qui est la mère naturelle de Sabine, puisque ce ne peut être maman ?

— Ce n'est pas à moi de te le dire... Je n'en ai pas le droit, Marie. Tu dois le comprendre, tu es médecin, comme moi.

— Mais Sabine... Elle sait ? Elle sait qu'elle n'est pas la fille de maman ?

Lodz, l'air grave, fait non de la tête, sans proférer le moindre mot. Puis, après un long silence :

— Écoute, Marie, ce sont tes parents qui ont pris cette décision, pour le bien de tout le monde, dit-il en soupirant. Jusqu'à présent tout s'est bien passé et, aujourd'hui, tu viens me faire des reproches. Certains pensent qu'il faut tout dire aux enfants, mais, à l'époque, je te jure... ma petite Marie... que ce n'était pas du tout pareil. Tu sais, c'est l'amour reçu qui compte et Sabine, j'en suis certain, n'en a jamais manqué. Tu n'es pas de mon avis ?

Non, Marie ne partage pas l'opinion de son parrain, elle réprouve cette loi du silence. Donner de l'amour ne suffit pas, on ne le fait que dans la vérité, faute de quoi le don lui-même est vicié, l'amour ne se construit pas sur un mensonge. Qui est la mère de Sabine ?

Cette question ne la quitte plus. Et cette interrogation supplémentaire ne lui facilite pas la vie, après ses inquiétudes concernant la mort de son père. Elle a l'impression d'avoir une chape de plomb sur la conscience et, pour le moment, aucune éclaircie.

Dans la carrière exploitée par son père, Alex est au volant d'une pelleteuse environnée d'un épais nuage de poussière. Les loups, il leur donne tout son temps libre, mais la carrière, c'est son gagne-pain. La plupart du temps, son père Guy lui réserve les tâches pénibles, parce qu'il ne se plaint jamais. Il attaque la roche avec la pelleteuse, transporte les blocs de pierre et les pose sur un tapis roulant. À cause de sa blessure encore fraîche, il peine à manier correctement l'engin, grimace et serre les dents. Mais sa prise n'est pas aussi ferme qu'à l'ordinaire et, au bout d'une heure de travail, il atteint une veine dure dans la roche, l'engin dérape, Alex ne réussit pas à le contrôler et stoppe tout… Le front en sueur, il descend péniblement de la cabine. Guy l'a vu de loin et accourt, demande des explications. D'abord, Alex prétend avoir glissé, rien de plus, mais Guy ne le lâche pas. Pourquoi mentir plus longtemps ? Par orgueil mal placé ? Autant tout lui raconter, les coups de feu, la blessure.

Assis sur un énorme bloc de pierre, Guy écoute, atterré, couvert de poussière.

— Tu as pu voir le tireur ?

— Non. Il faisait nuit, je t'ai dit.

— Et… tu en as parlé à quelqu'un ?

Bien sûr, Alex n'en a parlé à personne et surtout pas à la police, ne serait-ce que pour protéger son père ; mieux vaut que les flics ne viennent pas fouiller dans ses affaires. Qui a fait le coup et pourquoi ? Ce pourrait même être un des « amis » de Guy, comme un avertissement. Les trafiquants ne sont pas des tendres et, quand il y a conflit, on sait à qui ils s'en prennent d'abord : à la famille et aux intimes. Alex prend la journée que son père lui donne et retourne à la bergerie, dans son havre de paix, loin des trafics et des tracas.

Guy Lantosque retourne au bureau de la carrière, inquiet. Dès qu'il pousse la porte, Pierre comprend qu'il est de mauvaise humeur. Le jeune homme pose avec un soupir les factures qu'il était en train de contrôler.

— Qu'est-ce qui se passe ?

Pas de manière entre les deux hommes, ils ont l'habitude d'être directs.

— Tu n'as pas eu de problèmes avec nos affaires récemment ?

— Quel genre ? Non, la dernière livraison s'est bien passée. Pourquoi ?

Guy raconte. Pourquoi a-t-on tiré sur Alex ? Un concurrent ou une embrouille ? Il y a bien une raison ! Et Guy veut coincer le salaud qui a fait ça.

— Cela n'a sûrement rien à voir avec les loups. Tu es sûr que tout va bien avec Nils ?

Nils, leur fournisseur et surtout le « patron » de leurs affaires parallèles. Un type arrogant, un mafieux, un parvenu.

— Mais oui, tout va bien… Il est où, Alex ?

— À la bergerie, je l'ai envoyé se reposer.

Pierre reprend le tri de ses factures en râlant contre son frère, cet égoïste qui ne s'intéresse qu'à ses loups.

Quelques heures plus tard, Pierre, aidé d'un chauffeur, est en train de décharger des cartons de vêtements de contrebande quand son père sort en trombe de la maison.

— Pierre ! Viens par là.

Guy vient de recevoir un coup de fil. Nils a en partie été payé avec des faux billets. L'affaire est grave ; Nils est un serpent, un homme trop puissant pour qu'on puisse se permettre ce genre de petit jeu. L'indulgence ne l'étouffe pas.

— Dis-moi que tu n'es pas assez con pour avoir fait ça !

Pierre hésite, et Guy ne peut plus se contenir, il explose de rage, les conséquences sont trop lourdes, il risque gros. D'un violent coup de pied, il renverse une pile de cartons, des sacs et des ceintures roulent à terre. Hors de lui, il saisit Pierre par le col.

— Tu te fous de ma gueule ! Ça va nous coûter un maximum ! Tu as voulu arnaquer Nils ? Mais, pauvre idiot, tu es un homme mort !

Pierre ne répond rien, se laisse secouer comme un prunier.

— Mais d'où viennent ces faux billets, ils ne sont pas arrivés par hasard dans cette enveloppe ! hurle Guy en levant la main.

Enfin Pierre réagit, il recule d'un pas en se protégeant le visage, et sachant qu'il ne peut mentir à son père sans conséquences :

— Lâche-moi ! Bon, O.K., c'est simple : je me suis fait un paquet au casino, l'autre soir. Un gros paquet... Un mec m'a proposé de lui racheter des faux billets de cinq cents. C'est du vingt pour cent ! Du super boulot, je te jure !

— ... et c'est à Nils que tu les refourgues ! À Nils ! Mais tu es complètement dingue ? Tu n'as rien dans le crâne ! Tu veux qu'il nous bousille ? Mais c'est un cauchemar, réveillez-moi ! Allez, dégage ! Fous-moi le camp...

De l'autre côté de la propriété des Lantosque, Marie s'apprête à frapper à la porte. Après avoir toqué plusieurs fois, elle attend, pas de réponse. Elle contourne le bâtiment, se glisse dans la remise par une porte coulissante entrouverte. Personne. Elle pénètre dans le local inondé par la lumière de la pleine lune ; au fond, une ampoule allumée se balance dans le courant d'air. Sur le sol, elle remarque les articles de maroquinerie répandus, les cartons renversés ou éventrés.

— Qu'est-ce que vous foutez là !

Marie se retourne et parvient à reconnaître la silhouette de Guy dans la pénombre. Il porte une veste en velours côtelé et, les mains dans les poches, tient un revolver que Marie ne peut voir. Soudain, il s'aperçoit que l'inconnu n'est autre que Marie. Il est tendu, parle sèchement, sur un ton cependant moins agressif :

— Qu'est-ce que tu fiches là ? Tu viens sans prévenir… Tu cherches Alex, je parie ! Il n'est pas là.

Marie est embarrassée, elle sent qu'elle dérange. Mais ce n'est pas Alex qu'elle est venue voir, c'est lui, Guy.

— Et qu'est-ce que tu me veux ?

Elle hésite longuement, le visage dur de Guy ne la met pas en confiance, mais elle rassemble son courage et dit :

— Que s'est-il passé avec ma mère ? Pourquoi vous déteste-t-elle ?

Il se tait puis lance :

— Va-t'en ! Tu n'as rien à faire ici. Tout ce que j'ai à te dire, c'est de foutre la paix à mon fils. Il a assez morflé à cause de toi.

Marie tient tête, sans bouger, plantée devant lui, mais son menton tremble, elle est au bord des larmes.

— Guy… Dites-moi… Vous n'avez pas un tatouage sur l'avant-bras ? Je le sais… Montrez-le-moi et je m'en irai. C'est une fleur… une fleur caractéristique… Je veux la voir !

Il l'entraîne fermement hors de la remise, fait glisser la porte avec violence et sort pour la raccompagner à sa voiture, sans dire un mot. Leur pas crisse sur le gravier. Mais Marie ne veut pas s'en aller sans réponse, elle sait qu'il ne parlera pas, alors, elle se dégage, se retourne et relève sa manche. Le temps d'un éclair, elle a le temps de remarquer qu'en effet, il porte un tatouage… une fleur, identique à celle qu'elle a vue dans le flash de son souvenir, juste après avoir été remontée dans la barque par Pascal. Dans un réflexe, Guy lève la main pour la gifler mais, soudain, quelqu'un lui bloque le bras. C'est Alex, il vient de surgir de derrière la remise et repousse énergiquement son père.

— Tu es devenu fou ! Tu es malade ou quoi ?

Guy ne se laisse pas faire et saisit les deux bras de son fils. L'un en face de l'autre, la colère se mêle à la peur, qui osera frapper le premier ? Les deux hommes se dévisagent longuement, jusqu'à ce qu'enfin la hargne de Guy retombe.

— Tu n'as plus rien à faire ici, lance-t-il à Marie d'une voix sans relief.

Elle reste muette, jette un regard furtif à Alex puis ouvre la portière de sa voiture. Le jeune homme bondit à ses côtés, elle démarre aussitôt, écrasant l'accélérateur. Assis sur le siège passager, Alex reste silencieux jusqu'à ce que la voiture se soit éloignée de la bastide. Marie s'arrête sur un bas-côté, à quelques centaines de mètres. Elle descend, marche seule, pour encaisser dans le silence de la campagne ce qu'elle vient de vivre et de voir. Elle retourne à la voiture, Alex l'attend, les mains posées sur le montant du toit.

— Je préfère qu'on ne se voit plus… dit Marie.

— Mais qu'est-ce qui te prend ?

— Ça n'a rien à voir avec toi. C'est ton père. Il a voulu me frapper. C'est un violent et il a tué mon père !

— Tu es folle !

Marie s'obstine, butée, il n'y a pas trente-six solutions, c'est Guy l'homme de la barque, elle a parfaitement reconnu le tatouage. Cette fleur sur l'avant-bras. Guy a peut-être tué François pour se débarrasser de lui, parce qu'il avait assisté à ses trafics ou…

— Tais-toi, tu délires ! Tu veux que je te dise ? Tu l'aurais bien méritée, cette gifle ! Mon père n'est pas un saint, mais ce n'est pas un tueur. Et tu l'accuses à cause d'un tatouage ? Mais moi, demain, je te trouve dix types qui ont exactement le même !

— Je prouverai que c'est lui et tu ne pourras pas m'en empêcher !

Sans attendre qu'il réponde, Marie remonte dans sa voiture. Alex la regarde s'éloigner dans l'obscurité, furieux. Il retourne à pied dans sa bergerie, les idées se bousculent dans sa tête ; il ne sait plus, tout est trop confus, compliqué. Elle est certainement traumatisée, mais de là à échafauder des théories aussi fumeuses...

Le lendemain après-midi, Guy se rend à la convocation du grand patron, dans sa villa des hauteurs de Saint-Tropez. Terrasse de marbre, bar couvert, piscine immense, garde du corps... Nils, dans son costume blanc trois-pièces, un cigare aux lèvres, les tempes grisonnantes, des petits yeux de renard sous d'épais sourcils, regarde Guy s'avancer vers lui.

— Tu as bien fait de venir, dit-il sèchement.

Un serveur en livrée leur verse deux whiskies. L'ambiance n'est pas au beau fixe.

— Je suis là pour réparer les conneries de mon fils.

Guy pose sur la table de teck une enveloppe que Nils glisse immédiatement dans la poche intérieure de sa veste.

— Ça ne devrait pas arriver, ce genre d'indélicatesse...

— Je te promets que ça ne se reproduira pas ; en trente ans, d'ailleurs, c'est la première fois, non ?

— Mais mon cher Guy, je sais très bien que ta situation n'est pas brillante, et c'est ce qui m'inquiète. Ta carrière est en déficit chronique, et nos affaires annexes servent à couvrir tes dettes.

Pourquoi ne pas vendre ? Nils propose de racheter le terrain,

Guy pourrait se retirer pour filer une retraite facile, d'autant qu'il ne semble pas vraiment avoir la fibre pour ce genre de business.

— Je te remercie, Nils. Mais je vais m'en sortir seul.

Après son départ, Nils fait un signe au garde du corps.

— Tu me règles ça vite, avec doigté, pas… comme l'autre soir.

— Patron, je ne pouvais pas savoir que ce type serait avec une fille.

Nils le considère froidement.

— Leçon numéro un, toujours tout savoir ; leçon numéro deux, ne jamais laisser un type vous rouler deux fois ; leçon numéro trois — il esquisse un sourire ironique —, je te l'expliquerai si tu rates le coup…

5.

La lumière décline lentement, c'est l'heure heureuse où les arbres semblent immobiles, comme s'ils attendaient que la nuit vienne les envelopper. Marie, encore très remuée par les derniers événements, se réjouit de retrouver Pascal pour penser à autre chose le temps d'un dîner. Il habite sur les hauteurs, une jolie villa avec terrasse d'où la baie est totalement visible et livre tous ses secrets. Pascal est allé au marché acheter des fruits de mer, des clams, un beau tourteau, des huîtres de Camargue, un bouquet de langoustines. Marie raffole des huîtres, elle en dégusterait des douzaines. Son assiette est déjà pleine de coquilles, son verre de muscadet à moitié vide. Elle est détendue, parle, parle, d'elle surtout, s'en aperçoit, s'excuse, mais Pascal est ravi de la voir se relaxer un peu, enfin. Il ose lui parler d'Alex, Béa y a fait allusion devant lui, il aimerait en savoir plus. Marie hausse les épaules, c'est une histoire simple et banale, ils n'ont jamais réussi à s'entendre et cela dure depuis des années, ils passent le plus clair de leur temps à rompre... Et en plus, il est macho, orgueilleux, nombriliste... et jamais il n'accepte de faire la moindre concession. La remarque fait sourire Pascal.

— Comme si tu en faisais, toi, des concessions !

— Pas sur tout, c'est vrai... De toute façon, Alex ne quittera pas sa montagne, c'est un sauvage. Moi, j'adore ce que je fais, c'est une vraie drogue d'aider les autres... Et puis, ajoute-t-elle sombrement, il y a un autre problème entre nous... un problème de famille... Mais passons, je ne parle que de moi, c'est soûlant ! À toi maintenant !... Tu as été marié, je le sais par Béa...

— Oui, pendant dix ans... Ma femme est partie avec un autre type. Banal... Je suis tombé de haut, comme tous ceux à qui ce genre de chose arrive. Tu vois, il n'y a pas de quoi en faire un roman. Sans doute que j'ai ma part de responsabilité... Je regrette seulement de ne pas avoir vu venir le coup. Mais ça n'aurait rien changé... C'est la vie, disent ceux qui n'ont jamais de problème ! Toi, tu as choisi de vivre loin. Moi, j'ai décidé de vivre le présent, pleinement.

Il ne se passe rien de plus que cette complicité radieuse qui permet de se reposer un instant, de se sentir vivre en oubliant le poids des soucis et de l'angoisse. Pascal n'essaie pas d'abuser de la situation, il devine que malgré ses propos tranchés sur Alex, Marie tient beaucoup à cet homme-là, à cet amour difficile.

Ce samedi matin, Marie se délasse dans une chaise longue, sous un olivier du jardin, elle rêvasse ou, plutôt, elle lit d'un œil, en réfléchissant. Les questions sont revenues, plus pressantes. Elle est fatiguée, rien n'avance, sauf quelques détails encore insuffisants. Le regard planté dans l'azur, elle songe à la tendresse et à la bienveillance de Pascal comme à un îlot de tranquillité ; elle pose son livre sur son ventre. Soudain, on approche, des pas venus de la maison. C'est Carla. Aussitôt, Marie feint de reprendre sa lecture et d'être absorbée. Mais sa mère vient s'asseoir dans l'herbe, près d'elle.

— Marie, je voudrais te parler. Je sais que tu souffres et que tu essaies de découvrir la vérité sur la mort de ton père. Béa m'a raconté ce que tu as imaginé, des ennemis, une agression.

— Écoute, maman, je ne…

— Laisse-moi parler. Je vais te dire la vérité, et tu vas arrêter de te faire des idées. Moi non plus, je ne suis pas convaincue que la mort de François soit un accident, mais, s'il y a un coupable, c'est moi.

Elle ne peut plus supporter ce silence, elle veut dissiper le malentendu. À la mort de Gaëlle, la femme de Guy Lantosque, Carla et François ont accueilli Alex et Pierre à la maison. Et, à cette époque déjà, la seule passion de la vie de François, ce n'était plus sa femme, mais l'archéologie. Il était toujours entre deux campagnes de fouilles. Guy venait voir ses fils, il était malheureux, il avait besoin d'être soutenu, aimé. Elle hésite à continuer et :

— Moi aussi j'avais besoin de lui, besoin de sentir que j'étais encore une femme…

Ils sont devenus amants. François l'a appris quelques mois avant sa mort. Le secret était devenu trop lourd, il n'était plus question de vivre en trichant. Carla a tout dit. Ça n'a pas été facile, François s'est effondré, quelque chose s'est brisé en lui. Alors un suicide, peut-être… pour la punir.

Carla ne peut plus contenir son émotion, ni ses larmes ; écrasée par la culpabilité, elle s'agenouille près de Marie, qui lui caresse les cheveux tendrement.

— Je suis persuadée que ce n'est ni un suicide ni un accident, murmure-t-elle. Dans cette triste affaire, il n'y a pas de coupable, sinon Guy.

Mais Carla insiste, elle relève la tête.

— Il était sincère, il m'aimait. Il souffrait de cette situation.

— Ça n'explique pas sa présence dans la barque, c'est lui l'homme qui m'a remontée et qui a disparu juste après...

Carla, muette, saisie, replonge sa tête dans l'épaule de sa fille. Les deux femmes ne parlent plus. Marie ne veut pas que s'installe le malaise.

— Je te laisse ma place, maman, pour que tu te reposes un peu. Je vais aller galoper, il fait si beau.

Elle ne veut surtout pas lui montrer qu'elle ne parvient pas à maîtriser sa peine et à retenir ses larmes. Elle se sent seule ; du plus profond d'elle-même monte une détresse incontrôlable, où trouver la paix ? Tout alentour lui parle de son père, sans même penser à Sabine à qui on a tout dissimulé ! Où aller sinon... chez Alex, il est toujours là, malgré les heurts, l'incommunicabilité. Il sait écouter, donner. Lola connaît le chemin, c'est à peine si Marie a besoin de la guider. Dès qu'elle arrive à la bergerie, elle saute à terre et se précipite dans les bras d'Alex.

— Serre-moi ! Je t'en supplie... Serre-moi !

Alex l'étreint avec force. Il presse son corps contre le sien, comme s'il ne voulait plus la lâcher. Il pousse la porte avec son pied et, sans se séparer d'elle, l'assied sur le lit pour mieux l'embrasser. À l'écart du monde, dans cette bâtisse isolée, ils se donnent l'un à l'autre, dans la chaleur bourdonnante des cigales, sans hésitation, sans paroles. Seul le plaisir viendra dissoudre leurs anciennes angoisses, seul le plaisir viendra cicatriser leurs blessures.

Au matin, Marie dort seule dans la bergerie, couverte d'un plaid écossais. Alex est habillé, il lui a laissé toute la place, et s'est contenté du grand fauteuil installé près de la cheminée. Il l'a regardée dormir, se reconstituer lentement. Marie ouvre les yeux.

Son regard croise celui d'Alex et son visage s'assombrit, elle semble perdue.

— Alex, je t'en prie, aide-moi...

— Je ne peux pas, petite fille... Tu n'écoutes que les histoires auxquelles tu as envie de croire, répond-il en lui caressant le visage.

— Mais j'ai si mal... Si tu savais comme j'ai mal...

— Ce que tu aurais de mieux à faire, c'est d'aller t'expliquer avec Guy, ajoute-t-il en passant doucement la main dans ses cheveux.

— Mais je n'ai pas de preuve... Que des soupçons, et c'est pire !

Marie ne peut retenir ses larmes, elle reprend haleine un instant pour murmurer :

— Je t'aime...

— Je sais... Lève-toi maintenant, tu vas être en retard au cabinet et mes loups ont faim. Un jour, tu sauras, Marie, et tu décideras. Tout cela ne dépend que de toi.

Chez les Valbonne, toute la maisonnée s'agite. Ce soir, le clan se réunit. Il a fallu préparer un repas à la hauteur des exigences des convives. Ils ne mangent pas n'importe quoi ! Les saveurs du sud, ce n'est pas une légende, ne pas en user, c'est pécher ! Et surtout, Samuel Lodz vient de sortir de l'hôpital, ce n'est pas le moment de le décevoir, depuis une semaine, il râle du matin au soir, sous prétexte qu'on lui donne des carottes bouillies. Heureusement que Marie lui a apporté le réconfort de sa tendresse et des paquets de tisanes concoctées par Carla. Le faisan est prêt, impérial, on salive à le voir. Lodz se réjouit mais, au moment de se servir une aile de la goûteuse bestiole, Sabine, l'air malicieux, pose devant lui une assiette de jambon purée... Il tend son verre à Marco, dans l'espoir de pouvoir boire un peu de vin, mais Marie, qui le surveille d'un œil, lui sourit en disant :

— Vous savez pourtant que ce ne serait pas sérieux.

— Tu es impitoyable !

Lodz repose son verre en soupirant. La tension est bonne, mais il est loin d'être tiré d'affaire. Les conversations s'entrecroisent. Marco parle loups, touristes. Agnès remarque que Sabine n'a presque pas touché au plat et insiste, lourdement, pour qu'elle mange davantage :

— Fais un effort ! Tu n'avales rien.

— Mais fiche-moi la paix, à la fin ! Tu me coupes l'appétit à force de me surveiller, tu me pourris la vie avec tes ordres et tes conseils foireux !

Et Sabine quitte brusquement la table en jetant sa serviette à terre ; un silence pesant s'installe. Agnès se met à pleurer en silence, à demi cachée dans ses mains. Puis elle se lève et sort à son tour. Après une brève hésitation, Marie la suit. Lodz essaie de plaisanter : quand on n'a pas d'enfants, ce qui manque le plus, ce sont les engueulades en famille. Bientôt, n'y tenant plus, Béa se lève en murmurant une excuse et s'éclipse elle aussi.

Les trois aînées se sont isolées dans cette immense cuisine de campagne. Agnès essuie ses larmes avec un torchon. Près d'elle, Marie, appuyée contre le plan de travail, la regarde pleurer, sans rien faire pour la consoler. Béa n'y comprend rien. Il n'y a pas de raison, Marie accepte de tout lui expliquer et lui conseille de s'asseoir, sinon le choc sera tel qu'il faudra la ramasser. Béa s'inquiète. Marie n'y va pas par quatre chemins.

— Premier scoop. Sabine n'est pas la fille de maman.

Stupéfaction. Agnès poursuit :

— Sabine est ma fille.

Béa tortille son torchon, n'arrive pas à articuler un mot. Marie reprend :

— Pendant le voyage en Suisse, ce n'est pas Carla qui a accouché, c'est Agnès.

— Et Sabine...

— Elle ne sait rien, c'est le deuxième scoop ! La question est : qui va le lui dire ?

— Personne ! Vous allez laisser cette enfant en paix ! lance Carla qui vient d'entrer. Marie, tu vas m'écouter pour une fois. Il est hors de question que tu dises un mot de tout ça à Sabine. Pas un mot, tu m'entends ? Depuis que tu es rentrée, tu as remué assez de vieilles douleurs !

— C'est ça, ça va être de ma faute !

Les explications virent au règlement de comptes. Marie clôt ce débat houleux en affirmant que Sabine a bien raison de dire qu'elles sont toutes infernales.

Les rares convives restant dans la salle à manger se demandent s'ils tiennent tant que ça au fromage... Lodz se sent fatigué, il serait préférable de rentrer. Chacun devine que la situation est complexe, les absentes ne reviennent pas ; c'est certain, il se passe quelque chose, mais quoi ?

La petite Sabine est aussi déprimée que sa vraie mère... Elle s'est réfugiée dans sa chambre pour pleurer loin de toute cette tension. Marie va la consoler, en tentant de dédramatiser la mini-scène du dîner. Agnès est fatiguée, rien de plus.

— Qu'elle prenne des vacances ! De toute façon, je ne veux pas qu'elle vienne au concours. Je ne veux pas qu'elle soit là ! L'autre soir, sous prétexte que j'embrassais David à la terrasse d'un café, elle l'a insulté. Je me suis sentie mal, j'avais l'impression d'être une pauvre fille qu'on surveille sans cesse. Elle est toujours sur mon dos, reproche par-ci, conseil par-là. J'en ai plein les bottes. Tu peux me comprendre, toi. Tu t'es barrée, tu as eu raison ! Je ne peux plus l'encadrer, je ne sais même pas pourquoi je ne la supporte plus !...

La maison ressemble à un théâtre où chacun joue une scène dans un coin. Une scène tragique et pathétique. Carla et Béatrice sont sorties sur la terrasse, le désarroi de l'une tente de trouver appui dans l'impuissance de l'autre. Béa a passé un bras autour de l'épaule de sa mère. Évidemment, toute la conversation tourne autour de Sabine ; Carla parle comme pour se justifier : elle l'a élevée de son mieux, et, après tout, Sabine a eu un père et une mère, son plus cher désir était qu'elle ne souffre pas, qu'elle ne se sente pas différente des autres ; jamais elle n'a empêché Agnès d'aimer Sabine, jamais ; mais comment savoir si en voulant bien faire pour ceux qu'on aime, on ne fait pas leur malheur ?

— Maman, Agnès est en train de couler. Tu ne vas quand même pas sacrifier ta fille pour le bonheur de ta petite-fille ! Ouvre les yeux !

Mais Carla ne répond pas directement, elle ne veut pas perdre Sabine ; la nature même de leur amour est si intense qu'elle craint de le mettre en péril.

— Et qu'est-ce qui te fait croire que Sabine réagira mal ?

Il se peut même que la réaction de l'adolescente soit à l'opposé de ce qu'on imagine, qui sait si cela ne lui ferait pas du bien de tout savoir ? Mais il faut que Carla fasse confiance à la vie, à ses filles, et qu'elle ne transforme pas en drame ce secret qui un jour ou l'autre n'en sera plus un ; l'essentiel n'est-il pas la cohésion de la famille et d'être toutes réunies, dans l'amour ?

6.

Alex a profité d'une après-midi de repos pour passer chercher Sylvie et l'emmener se promener sur une des falaises du littoral. La jeune femme déborde d'allégresse, il a été si occupé, cela fait si longtemps qu'ils ne se sont pas vus. Dans son jean neuf, avec son col roulé blanc en coton, elle ressemble à une image de mode. Ses longs cheveux blonds dansent sur ses épaules, chatoient dans le vent venu du large. Elle commence à lui raconter sa dernière lecture, dans laquelle elle voit un lien avec leurs vies : Robinson vivant seul dans son île… un peu comme Alex avec ses loups. Jusqu'au jour où une inconnue fait naufrage… Robinson la sauve de la mort… Bien sûr, au début, cet homme habitué à sa solitude est plutôt ennuyé par cette nouvelle présence, cette incursion dans son domaine, mais ils finissent par tomber amoureux l'un de l'autre et…

Alex coupe net cette évocation :

— Sylvie… On va arrêter de se voir… Ne m'en demande pas plus. Je ne suis pas doué pour ces choses-là… Et je ne voudrais pas te faire de mal…

La jeune femme balbutie un « Alors… c'est fini », les yeux embués de larmes. Il y a un instant, elle virevoltait, heureuse, sur le point de dire le pourquoi d'un si grand bonheur… Cet enfant qu'elle attend, puis un coup de hache, quelques mots qui tombent. C'est fini, c'est comme ça. Comme un décret, une condamnation.

— Sylvie, je ne t'ai rien promis, je ne t'ai jamais dit que je t'aimais.

Quelle lâcheté ! Se serait-elle donnée aussi facilement si elle n'avait pas été sûre de ses sentiments ? Il se défile depuis un bon moment, elle n'arrive plus à le voir. Des signes. Sans doute y a-t-il quelqu'un d'autre.

Mais Alex ne répond pas, il murmure seulement :

— Je veux rester seul dans mon île.

Sylvie ferme les yeux, ses larmes parlent pour elle ; il a beau la serrer dans ses bras, elle est seule, rejetée, anéantie. Elle répète sans cesse, comme l'appel d'un noyé : « Je t'aime », mais il est déjà loin.

Il suffit de peu de chose, d'un simple retour pour que tout bascule. Le mariage de Béa, la présence de Marie et, soudain, l'amour de Sylvie n'est plus à l'ordre du jour. Terminé, classé. Le destin, implacable, cruel ? Ou, plus simplement, les circonstances, un assemblage de conditions qui change l'ordre des cartes…

Sylvie n'est pas restée plus longtemps dans les bras d'Alex, elle est partie avec son « je t'aime » qui ne veut plus rien dire, a enfourché sa moto et s'est rendue directement au domaine des Valbonne. Elle sait que, naguère, Carla, avec sa science des plantes, avait accepté de faire passer l'enfant que sa grand-tante attendait. Si seulement elle voulait lui rendre ce service.

Mais Carla décline, c'était il y a quarante ans, dans une triste période, sans argent, sans possibilité d'aller à l'étranger. Mieux vaut en parler à un médecin, consulter un gynécologue.

— Je vous en supplie, je ne supporterai pas qu'on me touche, qu'on me charcute, je voudrais quelque chose de... naturel.

Carla est bouleversée, que répondre à cette détresse ? Le père ne veut pas de l'enfant. Ce qui était un bonheur est maintenant un accident... Elle est si jeune encore, vingt-deux ans, et pas de travail ; dans ces conditions, ce sera deux vies de foutues en l'air. Il faut comprendre. Carla essaie, la gorge nouée ; elle dévisage Sylvie, sans dire un mot. Le malheur, comme la souffrance, ne se partagent pas.

Sylvie quitte le domaine de Valbonne l'âme déchirée, elle repart plus détruite encore qu'à son arrivée. Les petites choses de la vie quotidienne reprennent le dessus, elle n'a plus d'essence dans sa moto, elle passera par la station de Marco. À peine pose-t-elle un pied à terre que la tête lui tourne, elle fait quelques pas pour aller vomir derrière une rangée de lauriers-roses. Marco l'a vue, il se précipite pour l'aider, elle chancelle, il la retient dans ses bras et la fait rentrer dans la supérette, s'asseoir. Elle est pâle comme un suaire. Béatrice téléphone à Marie, répondeur, elle laisse un message. Un quart d'heure après, Marie est là et se penche sur la malade, rassurante.

— C'est très fréquent ce genre de malaise dans les premiers mois, un petit remontant suffira, je vais vous ramener au cabinet. Marco, tu nous conduis ?

Marie installe Sylvie à l'arrière de sa voiture, monte à côté d'elle. La jeune femme reste anormalement prostrée. Croyant détendre l'atmosphère, Marco parle de tout, de rien, demande à Marie ce qu'elle faisait pour mettre autant de temps.

— J'étais en forêt avec Alex. Un de ses loups s'est blessé. J'ai dû lui faire un pansement, ça n'a pas été du gâteau...

— Alors, ça repart de plus belle... entre vous ?

Marie ne répond pas, sa vie privée ne regarde qu'elle. Dans ses bras, Sylvie s'est crispée, muette... Marie le ressent et, d'une voix douce, lui demande si ça va. Elle lui caresse les cheveux, son regard se pose sur les jambes de Sylvie... Elle saigne.

Marco fonce. Le cabinet, des soins urgents, parer au pire... Sylvie se rhabille lentement, enfile un pantalon que Marie est allé chercher dans la chambre où elle laisse une partie de ses vêtements. Marie tente de la rassurer, mais la jeune femme se dérobe, elle ne supporte plus aucun contact. Elle a compris. Trop d'émotions sont à l'origine de sa fausse couche, sans compter la déception, l'horreur d'être rejetée.

Et Sylvie, soudain agressive, ment :

— J'ai avorté, pas à l'hôpital, pas avec une pilule ! Et de toute façon ce ne sont pas tes affaires, surtout pas ! Je voulais le garder, cet enfant, mais ce salaud aime une autre femme... et cette autre femme, c'est toi ! Tu m'as volé Alex, tu as tué mon bébé !

Elle se rue hors de la pièce, laissant Marie chancelante, sous le choc. Elle fixe le téléphone et, après un instant d'hésitation, décide d'appeler Alex. Mais il n'est pas là. Marie raccroche, sans laisser ni son nom ni de message.

Toute cette suite d'événements, de drames dont elle est le centre involontaire étouffe Marie, qui file par la corniche rejoindre Pascal dans sa maison. La disposition intérieure dégage beaucoup de paix, sans doute est-ce dû aux nombreux vestiges marins qui meublent les pièces. Du salon, une vue imprenable, près d'un canapé anglais, des amphores posées sur des trépieds, une ancre marine sert de support à un plateau de verre servant de table d'appoint. Un univers proche de celui de François... Marie marche de long en large, l'absolue détresse de Sylvie lui est insupportable.

— Cette pauvre fille... Elle en a pris plein la gueule...

— Et Alex, il était au courant pour l'enfant?

— Je ne sais pas, il ne m'en a jamais parlé. Il ne m'a même jamais parlé de Sylvie... Il m'a menti!

— Par omission seulement. La seule qui compte, c'est toi. Tu ne peux pas lui en vouloir d'avoir eu d'autres femmes... N'oublie pas que tu as été absente pendant huit ans! C'est un bail! Ne lui reproche pas de t'avoir menti, tu conclues trop vite! Parfois, je me demande ce que tu attends de lui...

— Je ne sais pas. Dès que nous nous sommes revus, ça nous est tombé dessus, comme ça, sans prévenir... C'était si fort. Je ne sais pas si c'était de la nostalgie ou autre chose...

— Je crois que votre histoire n'est pas terminée. Ce n'est pas de la nostalgie. Je crois, au contraire, que c'est autre chose qui commence.

— Ou qui se termine... Comment savoir?

— Que d'orgueil! De part et d'autre... C'est ça votre problème. Laisse-lui au moins une chance!

Marie reste silencieuse. Étonnée que Pascal dont elle devine le sentiment amoureux ait le détachement, pour ne pas dire la grandeur, de prendre le parti de son rival. Lui laisser une chance... Marie ne sait pas que Pascal a vu cette possible chance dans ses yeux. Elle lui prend doucement la main, comme une réponse, comme pour lui dire merci... Comment ne pas être troublée? Elle est venue pour être comprise, livrer son histoire et son malaise et, avec une invraisemblable simplicité, cet homme habitué au silence des profondeurs lui donne un signe d'amour totalement gratuit! Si seulement Marie ne se sentait plus coupable!

Si elle passait outre la responsabilité dont elle se croit investie, pour ses sœurs, sa mère, la mort de son père... tout s'allégerait.

Elle reprend la route du domaine, essaie d'écarter les idées parasites, le poids de mensonges, d'aveux ou de non-dits... En ouvrant la porte de sa chambre, elle découvre Sabine, allongée sur le lit, en train de lire un roman d'aventures. La cadette est d'humeur enjouée, elle n'a pas envie de dormir seule mais avec sa sœur, comme au temps où les orages lui faisaient peur. Et, bien qu'on n'annonce aucun orage, elle veut rester là, parce qu'elle a le trac, pour demain. Le concours.

— Je me suis longuement entraînée, mais peut-être que ça ne suffira pas ! J'ai demandé à Agnès d'être là, sans elle, j'ai encore plus peur de tomber... J'oubliais, j'ai un message pour toi : Alex a appelé.

Ils se donnent rendez-vous à quelques centaines de mètres de la maison. En terrain neutre, sur la frontière des deux propriétés. L'heure est venue de jouer cartes sur table...

— Te rends-tu seulement compte de ce que tu as fait ?

Comment le pourrait-il puisque Sylvie ne lui a jamais rien dit ?

— Elle n'en a pas eu le temps !

— Je ne lui avais rien promis. C'est toi que j'aime, et toi seule. Depuis toujours. Et toi ? Sais-tu seulement pourquoi tu es là ? Et pourquoi ne m'as-tu jamais dit que tu m'aimais ?

Marie ne répond pas et continue de marcher en balançant de petits coups de pied dans les herbes folles du bas-côté.

Soudain... une estafette de gendarmerie, suivie de plusieurs autres voitures, pénètre à toute vitesse dans la cour des Lantosque.

— Non !

Déjà Alex court en direction de sa maison, Marie sur ses talons. Tout est clair, ils sont venus arrêter Guy pour contrebande de marchandises ; le stock de cartons saisis servira de preuve. Menotté, Guy regarde le brigadier-chef Bellet et lui lance, bravache :

— Tout ce que j'ai fait, c'est de mettre le luxe à la portée de tout le monde !...

— Mais oui, Lantosque ! Vous êtes un bienfaiteur de l'humanité.

En un rien de temps, Guy se retrouve dans une voiture de police, encadré par deux gendarmes.

— Sale garce !

C'est Pierre, hors de lui. Il accuse Marie, plantée dans la cour, d'avoir balancé son père. Alex fait un mouvement pour rejoindre la jeune femme, les délires de son frère sont dictés par le désespoir, mais Pierre le retient brutalement par le bras.

— Qui d'autre savait que le stock était là ? Elle l'a vu. Laisse-la... Je t'en prie, laisse-la...

Surpris et décontenancé, Alex hésite un instant. Un instant de trop pour Marie, qui a discerné son hésitation et l'a prise comme une insulte. Elle remonte dans sa voiture, démarre et s'éloigne. Elle n'entend pas Alex crier à son frère :

— Petit con !... Tu ne comprends rien, tu gâches tout...

Quinze heures. Personne ne manque à l'appel. Dans les tribunes bondées, le clan Valbonne a réservé des places de choix pour ne rien manquer de la fête. Sabine rayonne de bonheur dans son chemisier blanc. Les concurrents se pressent à proximité du terrain d'obstacles. Melchior, bouchonné comme un jeune premier, sort de son van, guidé par Sabine et David. Le cheval et sa cavalière sont aussi nerveux l'un que l'autre. Le trac. Melchior se calmera dès le premier obstacle sauté. Pour l'instant, David le fait trotter en guise d'échauffement pendant que Sabine, assise sur une poutre, essaie de se concentrer. Agnès, plus attentive que jamais, réajuste son caraco, sa veste cintrée bleu nuit. Elle ne peut résister au désir de donner des conseils à l'adolescente, comme si ceux de David ne suffisaient pas. Sabine approuve de la tête en faisant des moulinets avec sa cravache. Un cheval récalcitrant, oreilles couchées, tenu par une toute jeune fille, passe à proximité. Soudain, il se cabre en hennissant, donne une brusque ruade, échappe à sa cavalière et file au galop. Au passage, il bouscule Sabine, qui, déséquilibrée, chancelle et tombe un genou à terre.

— Mon amour ! Ma chérie, tu n'as rien ? s'écrie Agnès.

Sabine, indemne, se redresse aussitôt, couverte de poussière, et, excédée, lance à Agnès, qui tremble comme un saule :

— Mais oui, ça va ! Qu'est-ce que c'est que cette manière de me parler ? « Ma chérie » par-ci, « mon amour » par-là, ça va pas bien !

Agnès s'excuse, se dit nerveuse. Mais Sabine, tendue par l'imminence du concours, explose :

— C'est tout le temps comme ça ! Arrête, c'est gonflant !

Sans dire un mot, Agnès se contente de frotter la poussière sur la veste. Des larmes d'émotion perlent à ses yeux, elle voudrait les cacher mais aussitôt Sabine les remarque.

— Tu vas me dire ce que tu as, oui ? Pourquoi tu te mets dans cet état ? C'est quoi, tout ce cinéma ? Dis-le-moi, merde !

— La peur, rien de plus.

Sabine n'en croit rien. Agnès n'a jamais eu peur d'un cheval, ce n'est pas aujourd'hui que ça va commencer.

— C'est moi, ton problème ? C'est ça ?

Presque suppliante, Agnès implore qu'on en parle plus tard... Mais Sabine se bloque, elle refuse de concourir si Agnès ne s'explique pas, une fois pour toutes.

— Je t'assure, Sabine, pas maintenant...

— Alors, c'est décidé, je vais me changer et on oublie le concours.

Sabine s'éloigne en direction des vestiaires.

— Attends !

Le ventre noué par l'angoisse, la gorge sèche, Agnès ne sait par où commencer.

— Je... tu vois, ce concours... Moi aussi j'aurais voulu le passer, mais... je n'ai pas pu... parce que j'étais enceinte... J'étais jeune... j'avais quinze ans.

Sabine écoute, attentive.

— Et le bébé ? Qu'est-ce que tu en as fait ? Tu as avorté ?

— J'étais enceinte de toi.

Un long silence s'installe. Sabine a blêmi, mais elle se contient, ne cille pas ; la déflagration est intérieure.

— Alors tu es...

— Ta mère. Oui. J'étais jeune, trop jeune... Je n'étais pas prête à assumer ma maternité. Carla a décidé de t'élever, François était d'accord, et maintenant tu...

— Et mon père, c'est qui ? l'interrompt Sabine.

— Un garçon que j'avais rencontré dans un bal... On n'a passé qu'une seule nuit ensemble. Ça a suffi. Il a disparu, je ne l'ai jamais revu...

Mais l'instant de vérité, d'une rare intensité, est brisé par David, qui tient Melchior par la bride. Il cherche sa cavalière partout. Le temps presse. Son tour approche. Sabine, sans émotion apparente, monte sur Melchior sous les yeux bouleversés d'Agnès, qui trouve à peine la force de murmurer :

— Ma chérie, je t'aime...

Melchior trotte déjà en direction du parcours. Dans les tribunes, le clan Valbonne au grand complet attend l'entrée de

Sabine sur le terrain. Un cavalier vient de finir. Agnès rejoint les autres.

Les haut-parleurs retentissent :

— Concurrent numéro 6. Sabine Valbonne, montée sur Melchior.

Le temps est des plus cléments, la température idéale. Dès que Sabine pénètre sur le terrain, une vague d'applaudissements déferle, suivie d'un silence, pour ne pas perturber la cavalière et sa monture. Sabine passe le premier obstacle sans effort, puis le second, pourtant ses mains tremblent… une larme coule sur sa joue. Elle n'est plus vraiment dans le concours ; elle pense à ce mensonge sur lequel sa vie se fonde, elle voit le visage de Carla se superposer à celui d'Agnès. Ses larmes, invisibles depuis la tribune, brouillent sa vision au point qu'elle ne se place pas exactement dans l'axe du troisième obstacle : le plus haut mur du parcours. Melchior tourne sur lui-même en piaffant, il semble que la nervosité, la détresse de sa cavalière passent dans son corps. Sabine le cravache, le relance… Nouveau refus. Cette fois-ci, c'est fichu. Les pénalités seront fatales. Mais Sabine, à bout de nerfs, tire excessivement sur le mors pour ramener sa monture dans l'axe. Le public retient son souffle. Ce cheval n'est plus contrôlable, la cavalière n'en tirera rien. Il secoue la tête, fait des pas de côté… Sabine lui assène un ultime coup de cravache, d'une rare brutalité ; Melchior, oreilles baissées, rue, s'emballe, fonce droit sur le mur, comme s'il ne le voyait pas ! Devant l'obstacle, il freine brusquement, glisse, le mur s'écroule… Sabine, projetée à une dizaine de mètres, roule à terre, le public, à moitié debout, crie d'émotion ; elle ne bouge plus. Dans les tribunes, Agnès s'est évanouie.

Marie demande à Marco de s'occuper d'elle, elle est beaucoup plus angoissée par l'état de Sabine, et s'élance vers le parcours.

Les secouristes dispensent déjà les premiers soins. Au moment où Marie arrive près de Sabine, celle-ci commence à revenir à elle. On la fait asseoir avec d'infinies précautions ; Marie, les poings serrés, est si paniquée qu'elle en oublie qu'elle est médecin. Elle s'agenouille, n'ayant à l'esprit que le désir de trouver les mots qui consolent.

Sabine a été transportée dans le club-house, où un médecin l'examine, secondé par Marie. Dehors, dans l'angoisse, le reste de la famille attend le diagnostic. Agnès est prostrée. Si elle n'avait rien dit, Sabine n'aurait pas perdu ses moyens. Mais a-t-elle eu le choix, n'a-t-elle pas été poussée à bout ? Carla, de son côté, s'énerve, trouve le temps long. Que font-ils là-dedans, pourquoi ne disent-ils rien ? Enfin Marie revient, tout va bien, la petite est solide, rien qu'un léger traumatisme à l'épaule, des contusions, elle va sortir dans un instant... Immense soupir de soulagement.

Sur le seuil du club-house, Sabine apparaît, elle est blême, le regard vide, un bras en écharpe. Carla court à sa rencontre mais Sabine se dérobe, elle ne prête guère plus d'attention à Agnès.

— Laissez-la tranquille, ce n'est pas le moment de l'étouffer. Je vais la ramener.

Au domaine, après avoir installé Sabine dans sa chambre, Marie part à la recherche d'Agnès. Elle la trouve dans le jardin, les bras ballants, immobile comme une statue de sel, et la prend contre elle, tendrement, en lui expliquant que Sabine lui a tout raconté.

— Surtout, il ne faut pas t'inquiéter. Elle a subi une avalanche de chocs, et, à son âge, elle encaisse mal. Elle en veut à la terre entière. Tout le monde lui a menti, sa mère, sa grand-mère, ses tantes. Elle nous trouve épouvantablement lâches.

Les jours suivants sont pénibles. Sabine ne fait plus confiance à personne, sauf à Marie, celle par qui le scandale est arrivé. Elle voudrait comprendre, oublier, elle arrive, l'espace d'un instant, à se faire une idée, mais, la seconde suivante, tout se dérobe. Bien sûr que cela n'a pas dû être facile pour Agnès d'attendre un enfant à quinze ans, mais de là à tout fausser, à travestir un lien aussi profond que celui entre une mère et sa fille ! Elle pleure sans cesse, pour un rien... une paire de chaussettes, un appel au téléphone, tout l'irrite. Carla s'inquiète de ce que la petite refuse d'avaler quoi que ce soit, et même de sortir de sa chambre. Marie la défend, tente d'expliquer pourquoi cette période est, pour Sabine, une épreuve, un passage qu'elle doit en partie traverser seule. Agnès y met du sien, sa mère doit comprendre que le calme, la paix feront leur travail. Le cas Sabine devient prétexte à de nouvelles querelles dont Carla est la principale responsable. Elle accuse ouvertement Agnès d'avoir tout déballé, sans ménagement, sans considération pour son âge, quelques minutes avant le concours. Pour Marie, c'en est trop, trop de mauvaise foi car toutes ont leur part de responsabilité, Carla qui se faisait fort d'assumer, Agnès qui cautionnait. Ce n'est pourtant pas le moment de l'enfoncer elle aussi, alors qu'elle est une victime, une laissée-pour-compte, que, pendant des années, elle a dû se taire, sous peine de faire encore plus de mal que le jour de ce fichu concours. Carla continue de réagir en mère possessive ; exaspérée, Marie éclate :

— Toi ! Toi, toi, il n'y a que toi qui compte, toi et ta gosse, toi et ta grosse souffrance, toi et ton martyre, toi et ta douleur de mère, de grand-mère, de veuve ! Tu avoueras qu'il y a de quoi étouffer ! Le jour où tu arrêteras de tout ramener à toi et où tu daigneras regarder différemment ce qui se passe autour de ta petite personne, tu verras, nous respirerons mieux !

Carla en reste figée sur place, elle pousse très lentement le plateau-repas de Sabine et s'assied sur une chaise, clouée par l'émotion.

— Je... Mais je n'ai voulu que votre bien... je te jure...

— Et bien tu t'es plantée, et complètement ! Regarde le résultat, on ne peut plus rien dire sans que ça tourne au vinaigre. Tu ne veux rien entendre, rien que ta version.

Carla ne peut pas répondre, pour elle aussi c'en est trop, de violence, de reproches. Elle se lève sans un mot et quitte la pièce. Marie se rend compte qu'elle a dépassé les bornes. Il fallait que ça sorte, qu'elle s'exprime... Malgré tout, elle s'en veut, tout n'est pas aussi simple, aussi tranché. Bien sûr que Carla a tout fait pour le bonheur de Sabine et d'Agnès. C'est évident, ça crève les yeux. Tant de contradictions lui font mal, Marie s'accuse de faire souffrir sa mère et, soudain, s'effondre ; la tête entre les mains, elle s'adosse à l'évier, fond en larmes. Elle se laisse lentement glisser le long du plan de travail, se retrouve à terre, inconsolable. Agnès s'assied doucement près d'elle et la prend dans ses bras, elle la serre contre elle, lui sourit, la rassure. Tout finira par rentrer dans l'ordre, la vie quotidienne fait des merveilles, panse les blessures, les résorbe d'autant plus vite qu'il y a plus d'amour. Encore faut-il prendre le temps de s'écouter, de se comprendre, de les laisser cicatriser.

Grâce à la tendresse de sa sœur, Marie se remet, reprend confiance. Mais elle ne veut pas rester dans cette cuisine ; si elle veut affronter la réalité, il est nécessaire qu'elle s'éloigne un moment. Aller respirer un peu, avant de retrouver Samuel Lodz au cabinet, pour une dernière visite de contrôle.

Lodz, en pleine forme, n'arrête pas de plaisanter. Il ne s'attendait pas à être un jour patient dans son propre cabinet ! Marie l'ausculte.

— Tu vas tout à fait bien, je pourrai te rendre ton fauteuil d'ici quelques jours.

— Et tu appelles ça une bonne nouvelle ? Je sais ce que cela veut dire : tu vas bientôt nous quitter.

Marie acquiesce en souriant.

— Tu sais, Samuel, les choses ne se passent pas très bien en ce moment au domaine. C'est tendu. Je suis revenue débordante de joie et, au bout de si peu de temps, c'est la tragédie, j'ai l'impression de jouer du Sophocle... On ne se comprend plus. Je ne sais pas si je peux y faire grand-chose, alors j'ai décidé de repartir. Hier, j'ai appelé Médecins des Hommes. Je repars en mission dans deux semaines... au Timor. Là-bas, ils ont besoin de moi, et ils ont autre chose à penser qu'à s'entre-déchirer...

Lodz ne rebondit pas, se contente de la remercier pour tout ce qu'elle a fait.

— Je saurai que tu aimes ta petite Marie si tu prends soin de toi. Cela ne sera pas facile... Je te connais... La prudence et toi, ça fait deux... Tu sais, j'en ai vraiment marre de tous ces drames, des pleurs, de cette famille qui se fait la gueule, qui crie : « Tu es coupable ! » Vraiment marre.

— Parce que là où tu vas, il n'y a pas de drame ?

— Ce n'est pas pareil, Samuel. Là-bas, ils n'ont pas envie de faire du cinéma. Ils ne prennent pas plaisir à s'inventer des malheurs, à être la cause de leurs souffrances. Ils sont dans une détresse vitale, pour eux, c'est survivre ou crever, pas comme ici, ou c'est : « Je me regarde souffrir pour mieux t'accuser... »

— Tes colères et tes coups de gueule vont me manquer ! Je ne connais pas de meilleurs remèdes à la vieillesse. Quelle santé tu as, ma chérie ! Je t'envie. La plupart des gens se laissent bouffer sans rien dire, toi, tu ne fais pas partie de la race des vaincus, tu réagis, tu te bats. J'espère seulement que tu ne regretteras rien, que tu n'y laisseras pas d'autres plumes. Tu sais, ce n'est pas facile de partir en laissant des blessés sur le terrain. Je n'ai pas de conseils à te donner mais, à ta place, j'essayerais quand même de régler une partie du contentieux avant de fiche le camp. Tu y gagneras en tranquillité d'âme et en efficacité… là-bas.

7.

Au parloir du centre pénitentiaire, Pierre est venu rendre visite à son père. Assis l'un en face de l'autre dans un box sinistre, séparés par une table de fortune, ils se regardent sombrement. Le lien filial qui unit les deux hommes est exceptionnellement fort. Depuis l'arrestation, Pierre a le moral à zéro, il ne supporte pas de voir Guy enfermé, accusé, il n'arrive surtout pas à vivre sans lui. Aux carrières, plus rien ne va, on dirait qu'il n'y a plus d'âme, plus de raison de travailler. Bien sûr, Guy n'a tué personne, mais la partie se présente mal. Le juge l'a dans le collimateur, il va le charger, faire un exemple. L'époque n'est pas tendre, la corruption, les trafics en tout genre sont de vraies obsessions…

— Et dans ce tableau-là, tu comprends, je fais tache, confie Guy.

Mais la mine désespérée de son fils l'alerte, il se rend compte de la portée de ses paroles et change de ton, d'ailleurs, le dossier n'est pas trop lourd, tout s'arrangera, et pour le mieux.

— Si seulement je pouvais prendre ta place ici !

Guy répond par un sourire triste et, à mi-voix :

— Allez... à mon âge, un ou deux ans de taule, qu'est-ce que ça change ? Je ne vais pas en mourir ! Et Alex ? Comment ça va ?

— Ça va, il viendra te voir samedi.

— Ce qui m'inquiète le plus, c'est la carrière. Vous vous en tirez, tous les deux ? — Pierre hausse les épaule. — Oui, je sais, vous êtes aussi doués l'un que l'autre pour les affaires !

— Nous allons engager un comptable, pour nous aider. Les chiffres et moi...

— Et tu vas le payer avec quoi ? Des faux billets ?

Pierre regarde le plafond en souriant, puis lance :

— Papa, il faut que je te dise... C'est Marie Valbonne qui t'a balancé !

— Non ! Impossible ! Et je t'interdis de t'en prendre à elle, tu entends ! Compris ? Tu ne touches pas un seul cheveu de Marie.

— Mais, si c'est pas elle, qui veux-tu que ce soit ?

La sonnerie signalant la fin des visites retentit et coupe court à la conversation. Guy se lève, serre son fils contre lui puis se retourne vers le gardien qui lui passe les menottes. Pierre regarde son père, légèrement voûté, consentant, se laisser conduire à sa cellule. L'émotion l'étreint, il voudrait crier, mais il contient sa peine et sa colère, et, après un dernier sourire encourageant, son père s'engouffre dans un couloir.

Dehors, Alex attend son frère, assis sur un banc, anxieux. Pierre le rejoint d'un pas lent, tenant ses mains sur son ventre comme s'il avait de la peine à respirer. Il essaye de se maîtriser mais n'y parvient pas et se met soudain à pleurer comme un enfant, habité par une violente colère.

— C'est cette salope de Marie qui l'a foutu là ! Je ne sais pas comment tu peux avaler ça ! C'est une hyène ! Tu n'as pas vu la tête de papa dans ce box, c'était terrible, terrible !

— Ce n'est pas elle, et tu le sais. C'est toi qui ne veux pas admettre la vérité. Arrête de t'en prendre à elle comme à la première venue, c'est trop facile. Pierre, je t'en prie, arrête cette parano, je la connais, Marie, jamais elle n'aurait fait ça. Fais-moi confiance, au moins une fois dans ta vie !

— Tu la protèges parce que tu l'aimes. Elle t'aveugle.

— Je te promets que je mettrai la main sur l'ordure qui a fait ça, Pierre. Mais ce n'est pas Marie, il faut que tu te calmes, reprends-toi, si on reste soudés tout se passera bien.

Calmer le jeu, les passions, tenter de cerner la vérité, avec le plus de discernement possible. Étant donné les caractères en présence, ce ne sera pas facile. Les deux frères s'aiment, mais tant de différences les séparent.

Alex fait d'incessants efforts sur lui-même pour se faire comprendre, pour surmonter son naturel taciturne et sauvage. Seule Marie lui offre la complicité et le secours dont il a besoin. Ce soir encore, il la retrouve à proximité de sa bergerie, au lieu-dit « Lis oulivado », les Olivades. Ensemble, ils marchent sans faire de bruit, évitant les brindilles sèches ; Alex devine la proche présence de ses loups, ils s'allongent dans l'herbe pour les observer à la jumelle. La louve blessée que Marie a soignée avec deux fois rien ne boite plus…

— Tu ferais un bon véto, tu sais.

Elle le regarde, pensive, est-ce une invitation, une offre d'embauche ?

— Ce serait plutôt une association que je te proposerais…

Ils se relèvent, Marie esquisse un sourire, élude et demande :

— Tu as revu Sylvie ?…

— Oui… brièvement. Je lui ai dit que j'étais désolé pour elle, pour l'enfant qu'elle a perdu. Je ne pouvais rien dire d'autre. Je sais qu'elle m'en veut. Je le comprends. Sans compter que toi aussi, tu m'en veux…

— Ça n'a plus d'importance. Dans quinze jours, je serai loin, très loin…

— Quinze jours !

— Ce n'est pas une surprise, Alex, c'était prévu.

— Je sais, oui… là-bas tu te sens utile. Tu donnes un sens à ta vie, tu te dévoues corps et âme. Tu te donnes à plus malheureux que toi… C'est magnifique !

Marie ne relève pas l'allusion, elle refuse de voir en Alex un homme seul, malheureux, prisonnier de son tempérament.

— Je ne sais pas si c'est magnifique, c'est mon métier, et je l'aime. Toi, tu préfères les loups… et, de toute manière, tu n'as rien de mieux à me proposer.

— Moi ? Non… rien de mieux. Je suis un sauvage dont le père est en cabane… Et ce père, tu le prends pour l'assassin du tien… Et, sans parler de ça, qu'est-ce que je pourrais bien avoir à t'offrir ? Une bergerie à moitié en ruine, au milieu de nulle part, des fins de mois plus que difficiles… Regarde ma vie ! Je suis seul. J'ai cru que tu pourrais soigner un vieux loup de temps en temps… panser ses blessures… Mais ce ne serait plus du dévouement, ce serait du masochisme.

— Arrête tes déclarations codées, dit Marie en levant les yeux au ciel.

— Mais c'est la vérité, insiste-t-il. Au Kosovo ou ailleurs, tu es une héroïne. Une femme bien. Ici, tu serais juste… ma femme. — Marie le dévisage, sous le choc. — Tu me regardes comme un souvenir, un truc que tu as aimé, que tu as cassé, sans le recoller… Tu vas encore me dire que tu n'aurais pas dû replonger avec ce dingue d'Alex. Que ça ne nous a menés à rien, juste à souffrir un peu plus et à foutre en l'air ce qu'il y avait de beau, il y a longtemps… Tu m'as quitté il y a huit ans. C'est mon seul beau souvenir ! Malgré tout le mal qu'on s'est fait, sans le vouloir, rien ne m'a jamais empêché de t'aimer… sauf toi, peut-être.

Après un long silence, Marie se redresse, le regarde avec un zeste de dédain qui cache son trouble et, le visage fermé, ajoute :

— Je ne crois pas que je t'aime. Toute cette histoire est une erreur, un malentendu… Je suis franche, tu ne pourras pas me le reprocher.

Il la dévisage, envahi par une colère muette, il ne commente pas, se contente d'acquiescer d'un signe de tête.

Alex ne sort plus de son mutisme, et, les mâchoires serrées, raccompagne Marie au cabinet de Lodz ; il répond par des gestes. Le silence de plus en plus pesant ne se brise qu'à la porte du cabinet, quand elle lui dit maladroitement qu'elle aimerait bien voir Guy avant de repartir. Alex fait l'effort de répondre, sèchement :

— Si tu penses que c'est utile… à toi de voir. Il y a un parloir le samedi. Vas-y à ma place.

Alex attendra qu'elle s'éloigne pour regarder une fois encore celle qu'il aime sans arriver à se faire aimer d'elle.

En voyant arriver Marie au parloir, Guy fait une drôle de tête. C'est Alex qu'il attendait.

— Il m'a cédé sa place… Comment allez-vous ? Pas trop mal ?

— Qu'est-ce que tu veux ?

— Je repars au Timor dans une quinzaine. — Marie se cale sur la chaise, pose ses coudes sur la table, regarde Guy droit dans les yeux. — Je suis venue pour savoir la vérité. Guy, je n'ai pas rêvé. Vous étiez en mer le jour où papa s'est noyé !

— Je ne l'ai pas tué, je te l'ai déjà dit ! Pourquoi l'aurais-je supprimé ?

— Parce qu'il était un obstacle entre vous et Carla. Il gênait votre amour.

— C'est idiot ! Dans ce cas-là, toi aussi tu étais un obstacle, toi et tes sœurs. C'est à cause de vous que Carla n'a pas quitté ton père.

Mais cela ne suffit pas à la jeune femme.

— Guy… Vous savez, moi aussi je vis en prison depuis le jour où papa… Libérez-moi ! Libérez-moi, je vous en supplie ! Dites que vous étiez en mer ce jour-là. Je vous ai vu !

Guy réfléchit, perplexe, puis se résout à répondre :

— Là où j'en suis, je n'ai plus rien à cacher, plus rien à perdre… Oui, j'y étais. Je ramenais de la marchandise en fraude d'Italie, sur une vedette. J'ai aperçu le bateau de François. Je l'ai tout de suite reconnu… C'est à ce moment-là que tu as émergé. Tu étais en difficulté, alors je t'ai hissée sur la barque. Comme François ne remontait pas, je suis allé appeler les secours. Et… je suis parti.

— Pour échapper à la police ? À cause de la cargaison ? C'est ça ? Mais pourquoi ne pas me l'avoir dit plus tôt ?

— Je ne voulais pas que ta mère sache que je magouillais. J'avais peur qu'elle me méprise… Voilà, tu sais tout. Et je vais te dire, toi aussi, tu me libères… C'était devenu trop lourd à porter.

— Nous nous sommes fait tant de mal ! Je croyais vraiment que vous aviez tué papa… Guy, reprend Marie après un silence, je veux que vous sachiez… je ne vous ai pas donné à la police. Je vous le jure.

— Je n'ai jamais cru ça. Jamais.

Marie pleure maintenant, les mains plaquées sur le visage ; Guy les lui prend et ajoute doucement :

— Tu vois, ma petite Marie… Alex n'est pas le fils d'un assassin.

8.

Au domaine, Carla et Agnès reçoivent un acheteur allemand, Ernst Ansbach, très intéressé par les plantations de la maîtresse des lieux. Pas d'engrais chimiques, évidemment, les composés des huiles essentielles sont naturels. Mais l'homme d'affaires renâcle devant les tarifs.

— C'est trente pour cent plus cher que vos concurrents, grommelle-t-il.

Agnès vient au secours de sa mère, les prix sont justifiés, le prix élevé est la conséquence d'un savoir unique, d'ailleurs la réputation de la maison Valbonne a depuis longtemps dépassé les frontières, sinon un Allemand aurait-il fait le voyage ? Carla trouve que sa fille en fait trop, cette attitude l'agace…

— Monsieur sait tout cela, Agnès… Je vais vous faire une remise de quinze pour cent, ajoute-t-elle très vite, à titre exceptionnel.

— Maman ! s'insurge immédiatement Agnès, tu ne peux pas faire ça, à ce prix-là il n'y a plus de marge !

— Ce sont mes plantes, c'est à moi seule d'en décider. Point final. Venez, cher monsieur, je vais vous montrer des échantillons de tisanes.

Et Carla entraîne Ansbach hors de la serre, sans plus regarder Agnès, qui reste, sidérée, les mains croisées sur sa blouse. Quelques instants plus tard, elle rejoint sa mère dans l'herboristerie, un dossier de comptabilité sous le bras, et se plante devant elle. Rien ne va plus.

— J'en ai marre d'être agressée, de compter pour rien ! commence-t-elle d'une voix blanche. J'ai la fâcheuse impression que tu veux me faire payer quelque chose ! Toute cette violence qui me retombe dessus. Je ne l'ai pas méritée, et je n'en veux plus, je n'en peux plus ! Avoue que tu m'en veux d'avoir parlé à Sabine... Il t'arrangeait bien, ton mensonge !

— Il te convenait à toi aussi. C'est même toi qui l'as voulu, je te rappelle.

— Tais-toi ! J'étais jeune, insouciante, irresponsable ! À partir d'aujourd'hui, je me charge de ma fille, et moi seule. C'est mon droit !

— C'est nouveau, ça ! Biologiquement, Sabine est ta fille, d'accord, mais je te rappelle que je m'occupe d'elle depuis dix-sept ans et ça compte... Elle est aussi *ma* fille, ne l'oublie pas !

— Je ne veux plus rien entendre, annonce sourdement Agnès. Je vais partir. Et Sabine viendra avec moi.

— Ça m'étonnerait ! Et pour aller où ?

— Construire ma vie, la sienne, ailleurs. Je ferai ce qu'il faut pour ça.

— Tu me fais rire ! Tes décisions... c'est toujours la même histoire, une folie ! Je me demande bien comment une instable comme toi pourrait s'en sortir hors du domaine !

Agnès ne se contrôle plus.

— Tu vois comme tu me parles ! Tu fais vraiment tout pour me gâcher la vie et tu y arrives ! Si je pars, c'est par ta faute ! Pour moi, vivre ici, c'est devenu impossible.

Folle de rage, elle quitte l'herboristerie en jetant le dossier, en signe d'adieu.

En sortant de la prison, Marie pense plus au début de sa conversation avec Guy qu'à la fin... Ce qui lui importe, ce ne sont pas les conseils donnés sur le bon usage des sentiments amoureux, c'est le fait de savoir que son père est mort accidentellement. Elle ne pense plus qu'à ça, et à son futur départ.

— Béa ! appelle-t-elle en entrant dans la supérette.

Mais la silhouette derrière la caisse n'est pas celle de sa sœur. Marie s'approche, étonnée. C'est Sylvie qui est en train d'enregistrer les achats d'un client !

— Je suis là, Marie.

Béa s'affaire à ranger des piles de biscottes dans un rayon. Marie l'entraîne à l'autre bout du magasin.

— Qu'est-ce qu'elle fait là ? murmure-t-elle.

— Sylvie ? La pauvre, elle m'a fait pitié avec son bébé et tout ça. J'avais besoin de quelqu'un, elle avait besoin d'un boulot... voilà. Tu sais, elle est sérieuse, elle veut vraiment s'en sortir. Je suis presque obligée de la mettre dehors, à la fermeture, elle passerait ses soirées à ranger.

Marie fait la moue, mais, après tout, elle n'est pas venue pour ce détail et change de conversation.

— Je suis venue te dire que j'ai rompu avec Alex. J'ai bien réfléchi, ce n'est plus possible. Après tant d'années, rien ne bouge, ce n'est pas la peine de se mentir davantage, avec cet homme-là, on ne peut rien construire, ni fonder une famille... ni — dit-elle en regardant Sylvie et en baissant la voix — avoir des enfants...

— L'amour, ça ne suffit pas, ma chérie ! Mais qu'est-ce que tu crois ? Un couple, il faut bosser pour le construire !

— Sans doute. Mais, même quand on s'aime... Oui, sûrement... L'important, c'est de se comprendre, et nous, on n'y arrive pas.

— Tu es une idéaliste, Marie. Méfie-toi de ne pas te condamner à être toujours déçue.

Mais Marie n'écoute déjà plus, et ne tarde pas à s'esquiver pour rentrer à Valbonne.

Marie se gare à l'entrée du domaine, pour avoir le plaisir de passer par le jardin. Le soir tombe lentement, les senteurs s'élèvent, déjà humides dans l'air encore chaud. Marie lève la tête, regarde la chambre éclairée de Sabine. Pensive, elle songe à la solitude de sa petite sœur, au poids de cette écrasante vérité qu'à cet âge il n'est pas facile de supporter.

Allongée sur son lit, Sabine est aussi songeuse que sa sœur, elle fixe longuement une photographie de famille, la pose puis en prend une autre. Avec Agnès, au bord de la plage... Elle se lève pour aller se planter devant son miroir et tenter, la photo à la main, de distinguer une ressemblance, même vague, entre ses traits et ceux de sa mère...

— Comment vas-tu ?

Marie vient d'interrompre la rêverie. Sabine cache rapidement la photo sous son tee-shirt et retourne s'étendre sur son lit.

— Ça va, je n'ai plus mal. Dis, je voulais te demander... Tu le savais, toi, qu'Agnès était... — elle n'achève pas sa phrase.

— Non. Je l'ai découvert il y a quelques jours. En tombant sur le dossier médical de maman, par hasard...

— Je ne leur pardonnerai jamais !

— Ne dis pas ça, ma chérie, elles t'aiment et tu le sais. Leurs mensonges, c'était pour te protéger.

— Tu parles ! Elles ont manigancé leurs petites magouilles entre elles parce que ça les arrangeait ! Elles n'ont pensé qu'à elles. Je ne pourrai plus jamais faire confiance à personne ! Sauf à toi. Mais tu t'en vas, alors...

— Je ne te laisserai pas tomber, ne t'inquiète pas. Tu sais, là où je vais, il y a des enfants qui n'ont jamais connu leurs parents... D'autres les ont vus se faire assassiner. Ils n'ont plus rien, plus d'amour, plus personne à qui parler. Et pourtant, ils continuent à se battre, à croire en la vie... Toi, ton problème, c'est que tout le monde t'aime trop. Ta mère, ta grand-mère... et tes deux tantes. Ça fait beaucoup, tu avoueras !

— Mon père ne m'a jamais aimée. Il ne sait même pas que j'existe et je ne sais même pas à quoi il ressemble ! Je suis un accident...

C'est à peine si Sabine peut encore parler, son menton tremble, elle finit par éclater en sanglots en se réfugiant dans les bras de Marie. Elle est au moins sûre de cette affection-là. Tout en lui murmurant des mots apaisants, Marie se dit qu'il faudra beaucoup de temps et de patience avant que se referment les plaies ouvertes dans l'âme de sa petite sœur.

La vie quotidienne au domaine n'est pas placée sous le signe de la tranquillité. Marie passe le plus clair de son temps à calmer Carla, qui s'inquiète de tout et de rien, s'énerve contre un retard, un détail... Sabine ne lui adresse plus la parole, déploie des trésors d'ingéniosité pour éviter sa présence. Agnès subit le même traitement, indifférence, mépris.

Le lendemain, cependant, en sortant du lycée, Sabine trouve Agnès devant sa mobylette.

— Qu'est-ce que tu fais là ?

— Je suis venue te dire que je ne veux plus vivre au domaine. Entre Carla et moi, c'est devenu impossible. Je vais partir, et je voudrais que tu viennes avec moi… s'il te plaît.

Mais Sabine ne l'entend pas de cette oreille.

— On ne peut pas tout reprendre à zéro. Impossible. Tu as dix-sept ans de retard !

Les tentatives d'Agnès pour la retenir sont désespérément vaines ; Sabine démarre sa mobylette, enfile son casque et file sans se retourner. On dirait que les femmes du clan Valbonne n'ont plus rien à se dire, ou, plutôt, aucune ne sait comment dire ce qui la rend malheureuse ; il est si facile de rester dans ses retranchements, convaincue d'avoir raison, une fois pour toutes…

Pour Agnès, l'horizon se bouche. Au café de Saint-Circe, elle commande une grappa, demande au patron si, par hasard, il n'aurait pas entendu parler d'un boulot dans la région. Alex, qui buvait un café à quelques mètres, s'approche du comptoir.

— Excuse-moi, Agnès, j'ai entendu. Tu arrêtes ton travail au domaine ? Du jour au lendemain ? Tu vas enfin voler de tes propres ailes ?

— Tu sais, à trente-cinq ans, il serait temps…

Sans hésiter un seul instant, Alex lui propose un poste de comptable aux carrières. Depuis que Guy est en prison, les affaires sont encore moins brillantes.

— Bien sûr, tu ne gagneras pas des fortunes.

— L'argent, je m'en fiche, ce que je veux, c'est être logée.

Pas de problème, une dépendance aménagée derrière le domaine pourrait faire l'affaire. Ce n'est pas le luxe, loin s'en faut, la pièce un peu défraîchie ne propose guère de confort, qu'importe.

— Mais ton frère… Tu crois qu'il sera d'accord ? Il ne nous aime pas beaucoup, Pierre.

Alex essaie de la rassurer, cela prendra peut-être un peu de temps, mais Pierre s'y fera. Les hommes, c'est comme les souliers, au début ils ne sont pas souples, mais, après quelques semaines, ils se font…

9.

Convaincue qu'elle a fait le bon choix en décidant de partir, Marie enchaîne les adieux. Les nouvelles circulent vite dans un village, Pascal est déjà au courant...

Ensemble, ils marchent sur un des pontons du port, profitant de la douceur, du temps clément, du rythme des flots qui caressent l'alignement des pilotis. Il est déçu, évidemment, regrette de ne pouvoir plonger de nouveau avec elle dans les fonds marins comme au cœur des légendes anciennes. Marie ne devine pas à quel point sa présence, si tonique, si volontaire, dégage une irrésistible sensualité. Pascal, épris dès les premières minutes, avait commencé à rêver. Pas seulement de découvrir les trésors que cherchait François, mais aussi à une possible vie à deux, avec cette femme insaisissable. Alors qu'ils échangent des propos où le désir s'insinue presque à leur insu, le regard de Marie est attiré par un mouvement de voitures de gendarmerie encerclant un poids lourd sur l'esplanade du port. Une grappe de policiers met en joue le chauffeur du camion. Sommations. Un petit homme en sueur, mains levées, se glisse hors du semi-remorque.

Ni Pascal ni Marie ne devinent ce qui se passe. Le chauffeur n'est pas très coopératif, on comprend à peine ce qu'il raconte. Ce doit être de l'italien. Un gendarme lui ordonne d'ouvrir le camion. « No capisco… Signore… No capisco… », on fait sauter le cadenas avec une grosse pince. À première vue, il est rempli de caisses en bois. Peut-être un trafiquant ? Deux policiers pénètrent à l'intérieur. Une vraie fournaise. Un douanier moustachu s'écrie :

— Merde ! Mais il y a du monde là-dedans !

Derrière les caisses, six hommes en guenilles sortent en protégeant leurs yeux de la lumière. Des clandestins, lèvres blanches de déshydratation, exsangues, visiblement épuisés. Ils chancellent plus qu'ils n'avancent. Un homme d'une quarantaine d'années vêtu d'une espèce de salopette tombe à genoux sur le quai. Le chauffeur affirme ne rien savoir, n'avoir rien vu. Les gendarmes s'affairent, fouillent les clandestins, pas de papiers, pas d'armes ; un garçon mal rasé essaie de se faire comprendre, il s'énerve, insiste… mais personne ne sait de quoi il parle. Soudain, le gendarme resté à l'intérieur du camion s'écrie :

— Il y a un mort !

Tout le monde reste pétrifié. Marie saute sur le quai, court vers un adolescent que deux policiers viennent d'extraire de la fournaise. En criant qu'elle est médecin, elle demande qu'on la laisse l'examiner. On l'allonge à même le sol ; il n'a guère plus de quatorze ou quinze ans ; après lui avoir pris le pouls, Marie demande de l'eau, touche son front. Il est brûlant.

— S'il ne se réhydrate pas, il est perdu. Pascal, trouve de l'eau, vite !

Pascal court chercher un jerrican d'eau sur son bateau, revient en courant. Marie enlève aussitôt la chemise enfilée sur son tee-shirt, l'humecte, entrouvre la bouche de l'adolescent et humidifie doucement ses lèvres, sa langue puis son front. Il revient à lui, très lentement, en claquant des dents. Pourquoi cette fièvre ? Elle regarde le brigadier Bellet, lui ordonne de donner de l'eau aux clandestins, mais par toutes petites gorgées, pour éviter des perforations…

Ils ont quand même appelé une ambulance. On installe le jeune homme sur une civière, les autres clandestins et le chauffeur menotté sont embarqués dans une fourgonnette. Pascal est fasciné par la vitesse de réaction de Marie, elle bondit sur le problème et le résout sans hésiter un instant. Elle vient de sauver ce pauvre gosse, comment ne pas être ému ? Il la prend dans ses bras, comme pour la remercier d'avoir ramené à la vie ce jeune inconnu.

Dès le lendemain matin, Marie retourne à la gendarmerie pour demander à Bellet des nouvelles de l'adolescent. Il est hors de danger. Grâce à elle. Les clandestins sont bosniaques, ils étaient convoyés vers Marseille via Naples, au prix fort. Une misère, une escroquerie, un scandale ; le chauffeur, esclavagiste des temps modernes, devra payer à son tour. On ne peut rien pour eux, sinon vérifier leur identité, les garder quatre jours dans une zone d'attente et les renvoyer à la case départ. Pour l'instant, le jeune garçon ne dit pas un mot, il n'a pas l'air de comprendre le français. Son sort n'est, de toute manière, guère plus réjouissant que celui de ses compagnons de voyage, il devra, lui aussi, repartir…

Chez les Valbonne, Agnès fait sa valise, jette pêle-mêle ses affaires et quelques effets personnels pris sur le bureau dans sa valise. Elle part seule. Marie la regarde faire, le cœur brisé, elle se sent coupable de tout ce qui arrive. Si elle s'était tue… Mais

Agnès, loin de l'accabler, la remercie d'avoir su crever l'abcès. Marie a eu le courage qui lui faisait défaut, elle a libéré la situation et l'âme de sa sœur. Maintenant, tout est enfin clair, Agnès, qui ne manque ni de détermination ni de patience, veut d'abord que sa fille soit fière d'elle.

— Je vais repousser mon départ au Timor, Agnès. Si, je t'assure, ce serait mieux ; de toute façon, qu'est-ce que ça change, une semaine de plus ou de moins ? Je me dis que si je ne peux aider que des étrangers, ce n'est vraiment pas la peine d'avoir une famille...

Sa valise à la main, Agnès se dirige vers la voiture, embrasse sa sœur.

— Fais attention à toi, et appelle-moi, murmure Marie à son oreille.

Depuis le jardin, Carla voit la scène, mais elle ne bronche pas, elle ne veut pas se laisser aller devant Franck, l'ingénieur agronome responsable de l'oliveraie. Cette fois-ci, elle part pour de bon.

— Vous savez, elle reviendra...

— J'en doute, Franck. Agnès est une Valbonne. Elle a la tête dure, elle a tout refusé, même l'argent.

Et, comme un boomerang, la culpabilité retombe sur Carla. Ses filles s'en vont, les unes après les autres. Peut-être n'a-t-elle pas su les aimer pour qu'elles agissent ainsi ? C'est bien plus simple, la reprend Franck, elles vivent leur vie... Il n'y a pas de raison de s'inquiéter outre mesure. Pour la réconforter, il lui prend la main, la serrant fortement dans la sienne. L'un en face de l'autre, ils se regardent sans rien dire, leurs mains parlent à leur place. Puis Carla, lentement, retire ses doigts pour aller chercher un mouchoir dans sa poche. Elle se retourne, s'éloigne d'un pas fatigué, seule, un peu voûtée par sa peine.

L'adolescence, c'est pire qu'une période difficile, c'est un âge où tout fait mal, et Marie monte voir comment Sabine réagit à ce départ. La jeune fille meuble son malaise et sa solitude en fouillant son passé ; entourée de piles de lettres, de photos et de souvenirs, elle déchire nerveusement tout ce qu'elle juge inutile et le jette dans la cheminée. Cette scène de nettoyage systématique désole Marie, qui vient d'entrer, on ne fait pas table rase de son passé… In extremis, elle sauve du feu une carte d'anniversaire et la lit à haute voix : « Un énorme bisou pour tes huit ans, ma chérie, ta sœur qui t'aime. Agnès. » Marie ajoute presque en murmurant :

— Elle t'aime… Je ne comprends pas pourquoi tu veux détruire cette preuve d'amour.

Mais Sabine reste muette, craque une allumette et enflamme une lettre qu'elle jette furieusement dans l'âtre. Tout cela brûle si bien, ces petites choses de rien, ces babioles bêtement sentimentales… Ces dix-sept ans de mensonge… C'est si pratique de mentir, n'est-ce pas ?

— C'est ridicule ! lance Marie. On dirait une gamine de huit ans.

Exaspérée, elle se saisit du vase trônant sur le bureau, en retire les fleurs pour jeter l'eau sur le feu, qui s'éteint aussitôt. Elle s'agenouille, retire un album mouillé, quelques lettres.

Sabine vient s'asseoir près d'elle.

— Emmène-moi avec toi, je ne veux pas rester ici.

— Mais tu es folle ! D'abord, je ne pars plus. Enfin, pas tout de suite. Je ne peux pas te laisser dans cet état… Et puis, Samuel se fatigue encore vite, il a beau être médecin, on dirait qu'il refuse de se rendre compte…

— C'est génial ! Tu restes, vraiment ? Tu aurais dû me le dire que tu le faisais rien que pour moi ! Ça va leur en boucher un coin ! Elles sont si lâches... Regarde, Agnès a foutu le camp... comme si je lui avais demandé quelque chose.

— Ne fais pas semblant de ne pas comprendre, je t'en prie.

— Mais je comprends tout. J'ai deux mères et je ne suis la fille de personne ! Quant au père, je n'en parle même pas ! Envolé ! Agnès se tape des types, à droite, à gauche. Jamais plus d'une nuit et paf, un jour ça rate et ça donne un gosse. Je ne pourrai jamais plus l'aimer, jamais !

— Réfléchis, bon sang ! Tu sais pourquoi il n'y a pas eu un seul homme dans toute sa vie, pendant toutes ces années ? Parce que tu étais là... Il n'y avait que toi, elle ne voyait que toi... Tu étais son seul amour. Ne me dis pas que tu ne l'aimeras jamais plus... C'est terrible ce genre de choses. — Et, après un instant, Marie désigne le reste de souvenirs gisant dans la cheminée en ajoutant : — Ramasse tout ça. Un jour ou l'autre, tu regretterais d'avoir tout foutu en l'air...

Sabine s'exécute en reniflant. Sa colère, son désespoir se sont en partie consumés avec le feu. Elle rassemble quelques lettres épargnées et les étale sur une chaise pour les sécher.

Aux carrières, Pierre ne décolère pas, et Alex, sa cible principale, n'est pas en reste. Les deux hommes se querellent pour un oui, pour un non ; Pierre ne supporte pas que son frère ait pris les affaires en main.

— Il y a dix jours, tu te foutais de tout, et maintenant, tu veux tout diriger !

— Arrête de tourner autour du pot. C'est parce que j'ai embauché Agnès, c'est ça ?

— Oui, si tu tiens à le savoir. Les Valbonne... On se débarrasse d'une sœur, une autre rentre par la fenêtre ! Après cette vipère de Marie, Agnès !

Sur ce, Agnès entre dans le bureau. Elle comprend sur-le-champ que la discussion est pour le moins tendue, hésite… Alex, d'un regard, intime à son frère l'ordre de se contenir et change immédiatement de propos : tout ce fatras, sur le bureau, là est le problème, inextricable, à première vue.

— Eh bien, au moins, je ne suis pas venue pour faire de la figuration, se force à plaisanter Agnès. Évidemment, il va falloir trier, déblayer, remettre un peu d'ordre dans toute cette paperasserie…

Pierre, le visage fermé, marmonne à contrecœur que les finances, jusque-là, c'était le domaine de son père. Il n'y comprend rien…

Alex ne résiste pas :

— Elle t'expliquera !

Il faut moins de deux jours à Agnès pour tirer des conclusions du bilan comptable. Bien que les comptes soient terriblement embrouillés, la situation est clairement catastrophique. Pas d'autre solution que de vendre. Les machines sont obsolètes, les coûts énormes et, pour chaque tonne de sable extraite, l'entreprise perd mille francs. Il faudrait tout moderniser, multiplier la production par dix pour faire des économies d'échelle. Mais cela demanderait des investissements considérables…

Alex est terrassé, c'est encore pire que ce qu'il craignait. Étant donné l'état des comptes, aucune banque n'acceptera de débloquer le moindre crédit. Ajoutons à cela que Guy étant incarcéré, plus de caution et, coup final, le tribunal vient de fixer le montant de l'amende : trois cents mille francs qu'il faudra bien trouver si l'on veut le sortir de cette fichue prison…

Bien plus sombre encore serait Alex s'il savait qu'au même moment, son père est aux prises avec Nils, dans le parloir de la prison.

— Qu'est-ce que tu viens foutre ici ? Si je suis en taule, c'est de ta faute.

— Ça se discute… répond Nils. Je suis venu t'aider à t'en sortir.

— Ne t'en mêle pas ! Tu as fait assez de mal comme ça ! Si tu t'imagines que je ne sais pas que c'est toi qui m'as balancé… Tu n'as qu'une idée en tête, et depuis toujours, te venger des vieilles familles comme les nôtres, prendre ta revanche sur notre dos ! Nous faire payer la misère de ton père, ce pauvre cheminot qui te fait honte et hante tes nuits ! Je te plains. Ce ne sont pas ces millions qui te rendront respectable. Tu resteras une crapule, un magouilleur ! Un parvenu avide de pouvoir ! Tu n'attends qu'une chose : jouir de la déchéance des Lantosque ! Mais c'est pas pour demain !

— Mon cher Guy, la prison te fait de l'effet… On ne peut pas dire que ça te bonifie, mais tu verras, tu deviendras raisonnable.

— Je sais ce que tu veux, se rebiffe Guy. J'y vois clair dans ton manège ! Mais dis-toi bien que jamais tu n'auras mes carrières, jamais ! Rien que mon poing dans ta gueule !

Il s'en étranglerait de rage. Le calme de Nils, son demi-sourire condescendant…

— Tu t'emportes si vite. Quand je te regarde, tout seul sur cette chaise pourrie… Je me dis qu'elles doivent être longues, ces journées passées à l'ombre, non ?

Et, désignant l'horloge du parloir, Nils ajoute :

— Ça passe vite, le temps, surtout en si bonne compagnie ! Tu vois, mon pauvre Guy, ce cadran, c'est mon atout, mon avocat, ma rente… À bientôt.

Il fait lourd, l'orage menace. L'horizon se charge de nuages de plus en plus noirs. On dirait que le ciel reflète l'humeur des Valbonne et des Lantosque. Les temps ne sont pas faciles, la légèreté et la douceur de vivre semblent appartenir à un passé de plus en plus lointain. Chacun regarde le monde selon l'ordre de ses préoccupations... Comme sa petite-fille, toujours aussi taciturne, Carla s'est repliée en elle-même ; Agnès s'émancipe grâce à son nouveau travail, même si l'absence de Sabine lui barre le cœur.

Montée sur Lola, Marie traverse garrigues et oliveraies, pour une visite « à domicile ». C'est Roya, le berger voisin d'Alex, qui vient de se démettre une épaule. Son métier est déjà assez pénible comme ça, autant lui venir en aide au plus vite... Au pied d'une colline couverte de tamaris, elle arrête un instant sa jument, le paysage est somptueux, un chemin de terre et de rocailles, une vraie fête pour les yeux, de quoi se reposer l'âme. Tout à coup, un bruit dans les fourrés, elle tourne la tête, rien. Une nichée de faisans, sans doute. La bergerie de Roya est en vue. Le pauvre souffre en silence. Il portait un mouton, il a glissé sur une motte et... c'est toujours idiot, les accidents. En un rien de temps, l'épaule est remise en place. Le berger n'a pas bronché. Un massage avec un baume, ne rien soulever pendant dix jours et tout se passera bien.

Sur le chemin du retour, au pied de la même colline, Marie entend de nouveau des branchages s'agiter. Étrange. Cette fois-ci, elle en est sûre, il y a quelqu'un. Elle appelle, rien. Mais on fuit dans les taillis ; Marie descend de sa jument et se lance à la poursuite de l'inconnu. Elle court dans les buissons, ploie quelques arbrisseaux dans la nuit qui tombe et, au moment d'enjamber une broussaille dense masquant un aven, entend un cri d'avertissement. Marie glisse, se rattrape de justesse à une branche basse. Ses bottes dérapent, elle peine à se redresser quand deux mains la saisissent par les épaules et la ramènent en sûreté.

Marie le reconnaît immédiatement, c'est le gamin sorti à

moitié mort du camion. Il est hirsute, le visage un peu sale, porte un vieux survêtement déchiré aux genoux. Il ne prononce pas un mot et dévisage longuement Marie.

— Tu as perdu ta langue ?

Il ne répond pas, mais elle a vu dans ses yeux qu'il comprend ce qu'elle dit.

— Tu sais, j'ai des notions de russe, de swahili, d'anglais... Je bafouille quelques mots de bulgare et de roumain. Mais c'est tout ce que j'ai en rayon... Dis-moi quelque chose dans ta langue, n'importe quoi, je verrai bien si je pige...

Rien à faire, l'adolescent reste muet.

— Tu ne veux rien dire. Tant pis, c'est moi qui parlerai. Qu'est-ce que tu fais là ? Tu t'es enfui de l'hôpital ? Tu me suivais ? Épatant. Et moi, qu'est-ce que je suis censée faire, te laisser avec les loups pour baby-sitter ?

Le garçon baisse les yeux.

— Bon, je te ramène à la maison.

Elle va chercher Lola, et rentre tranquillement, l'adolescent cheminant à côté d'elle. Tout le long du chemin, elle tente de lier conversation avec lui, sans résultat. Alors elle parle seule... Arrivés au seuil de la porte d'entrée, le garçon mis en confiance parle enfin :

— Je m'appelle Levo...

— Levo ? Ça vient d'où, ça ? C'est kurde ? Turc ?

— Kurde... mais je suis né en France.

— Mais qu'est-ce que tu faisais dans ce camion ? Je ne te suis plus !

— Je rentrais. Je voulais revenir en France. Je me suis enfui d'un orphelinat en Turquie... C'était terrible... Je n'ai plus de parents. Ils sont morts parce qu'ils défendaient la cause de notre peuple. Ils ont été assassinés au Kurdistan. J'avais neuf ans. Ma grand-mère s'est occupée de moi, à Istanbul... Quand elle est morte, on m'a envoyé dans un orphelinat...

— Ce qui est bien avec toi, c'est que tu sors tout d'un seul coup. Un long silence et puis hop, on ne peut plus t'arrêter! Mais, dis-moi, comment as-tu fait pour atterrir à Naples?

— Je me suis caché dans un bateau, à Istanbul. Après, j'ai rencontré d'autres clandestins. Et j'ai vendu le collier de maman au passeur pour qu'il accepte de m'emmener en France. Je n'ai plus rien. Et... j'ai terriblement peur de retourner là-bas... Comme j'ai treize ans, on ne voudra pas me garder ici.

Marie en sait assez, le pauvre gamin est mort de faim, sale comme un peigne; il a besoin d'un vrai repas, et d'un bon bain.

En rentrant du lycée, Sabine tombe nez à nez avec Marie et Levo qui la regarde, encore dégoulinant du bain, les cheveux en bataille.

— Sabine, je te présente Levo, un nouvel ami.

— C'est quoi... ça? lance Sabine, interloquée.

— Des ennuis, ma chérie...

Le garçon a repris des mines; un jean et un tee-shirt propres, et il ressemble à n'importe quel adolescent. Marie l'installe dans la chambre voisine de la sienne, en attendant... qu'il soit, comme le pense Carla, placé dans un foyer.

— Au moins y aura-t-il des éducateurs, des psychologues pour lui venir en aide, ajoute Carla, descendue à la cuisine pour préparer une salade du jardin, quelques radis, des tomates, une belle scarole craquante, le tout assaisonné d'une huile d'olive maison...

Adossée au plan de travail, Marie la regarde laver les légumes, l'air sombre.

— Quand je pense à la vie de ce gosse... Tout ce qu'il a dû

endurer, la peur, la faim, la perte de ses parents… Et nous avons si peu à lui offrir !

— On ne peut pas recueillir tous les orphelins du monde !

Alors que Marie essaie de garder son calme, de ne pas exploser devant cette remarque déplacée de sa mère, Sabine entre en courant dans la cuisine : leur protégé se sent mal.

Dans la chambre d'amis, Levo, en nage, est à demi conscient, la fièvre l'a repris. Il a froid, il est brûlant, il grelotte, il délire. Tous les symptômes du paludisme. Pas d'hésitation, l'hôpital.

— Non… non… pas l'hôpital…

Levo a compris, il s'agite, il supplie. Pendant que Marie tente de l'apaiser, Carla court jusqu'à son herboristerie, s'empare d'un livre qui ressemble plus à un grimoire qu'à un précis de pharmacologie, le feuillette, s'arrête sur une page… et attrape sur la plus haute étagère d'un vieux vaisselier une boîte en fer-blanc. Au fond, un reste de poudre blanche ; à l'aide d'une cuiller, elle pèse sur une petite balance une dose, qu'elle verse ensuite dans un cornet de papier.

Puis elle rentre, prenant l'air innocent lorsqu'elle croise Marie, qui lui jette en dévalant l'escalier :

— Je vais chercher la voiture, je l'emmène.

Sous l'œil dubitatif de Sabine, Carla verse le contenu du cornet dans un demi-verre d'eau, soulève doucement la tête de Levo.

— Bois ça, chuchote-t-elle. Tu vas voir, ça va te faire du bien. Mais n'en parle pas, pas un mot… Promis ?

Rassuré par le visage confiant de son infirmière improvisée, l'adolescent acquiesce d'un signe de tête. Sur le chemin de l'hôpital, Levo, enveloppé dans une couverture, ne dit mot. Mais lorsque Marie veut l'aider à descendre de voiture, devant l'entrée des urgences, il refuse.

— Je me sens beaucoup mieux, Marie, ramène-moi. S'il te plaît.

La jeune femme se penche vers lui, le regarde attentivement. En effet, il ne tremble plus, son visage a même repris quelques couleurs.

— Tu vas m'obéir, Levo. Ça peut être une accalmie. Alors on va rentrer dans cet hôpital, et je te promets qu'on en ressortira ensemble.

Un interne de service examine l'adolescent tout en écoutant, perplexe, les explications de sa jeune consœur. Pas de fièvre. Et pourtant, Marie n'a pas rêvé, il y a à peine une demi-heure, ce n'était pas 37,5 °C mais 40 °C passés ! Tous les symptômes du paludisme.

— Je ne dis pas que vous avez rêvé, mais la fièvre ne peut pas baisser aussi vite. C'est tout simplement impossible, explique l'interne d'une voix rendue neutre par des années de confrontation avec les malades.

— Ne me faites pas le coup du médecin patient ! Je sais de quoi je parle, je vous rappelle que je suis médecin moi aussi, et quand je vous dis que cet enfant grelottait tout à l'heure, je...

— Marie...

La voix tremblante de Levo l'a coupée net dans sa tirade. Assis sur le bord du lit d'examen, les yeux baissés, Levo avoue que Carla lui a donné à boire une poudre diluée dans un verre d'eau. Au lieu de rassurer Marie, le procédé l'inquiète. Et l'interne fait clairement la moue.

— Vous pouvez m'expliquer ?

— Ma mère est herboriste. Il lui arrive de soigner des pathologies légères avec ses plantes. Mais pas le paludisme...

— En tout cas, il n'a pas l'air de s'en trouver mal. Je vais le garder cette nuit en observation, en attendant les résultats d'analyse. Comme ça, vous serez rassurée.

Le lendemain matin, Marie, qui a passé la nuit dans un fauteuil près de Levo, a un bref entretien avec l'interne, harassé. Il a perdu sa morgue de la veille. Les tests confirment une forme très virulente de paludisme. Rien n'explique cette brusque retombée de la fièvre. Le mystère de ce rétablissement éclair reste entier.

Les jours suivants, Levo, vite remis sur pied, suit Marie partout, comme son ombre, qu'elle aille au marché, chez le cordonnier ou poster un paquet pour des collègues médecins restés au Kosovo. Il fait quand même plus ample connaissance avec Emma, la fille de Béa et de Marco, qui ouvre de grands yeux en l'écoutant raconter les difficultés rencontrées pendant son voyage.

La gendarmerie a pris rendez-vous avec la Ddass, pour placer Levo ; tout ce que Marie a obtenu, c'est de l'y accompagner. Que faire d'autre ? Et pourtant, elle a l'impression de trahir sa confiance. Elle repousse sans cesse le moment de lui parler, sans jamais y parvenir, si bien que, le jour du rendez-vous, en voyant des gamins jouer dans la cour du foyer, Levo croit que Marie le laisse à un orphelinat. Pour lui, c'est encore une prison, on va le battre, le priver de nourriture... Marie a beau lui expliquer qu'il est en France, qu'il sera bien traité, il s'insurge à l'idée d'être enfermé, et ne la suit qu'à contrecœur.

La directrice du foyer leur fait visiter la salle de jeux, sa chambre, mais Levo ne réagit pas, il ne regarde rien, ni les installations ni Marie.

— Je ne resterai pas ici, je vous préviens, finit-il par dire d'une voix sourde. Je ne veux pas de famille d'accueil, je veux rester avec celle qui m'a sauvé ou, ajoute-t-il, avec mon frère...

— Tu as un frère ! s'exclame Marie.

Il s'appelle Hassan, aux dernières nouvelles, il était toujours en France... mais Levo ignore où il se trouve, il ne sait même pas s'il a des papiers.

Selon les consignes des services centraux, Levo doit être envoyé à Paris où un juge pour enfants prendra la décision de le rapatrier ou non en Turquie. La nouvelle affole Marie : Levo n'est pas turc, il est kurde ! Ses parents ont été assassinés et, même si les enfants ont beaucoup d'imagination, il n'a pas menti sur ce point, sa peur de retourner là-bas est des plus fondées.

— Écoutez, mademoiselle, ce n'est pas moi qui fais la loi. Vous dites qu'il est né ici, mais rien ne le prouve. De plus, il est mineur, je ne peux pas le laisser comme ça dans la nature. Ce soir, il reste au foyer, et, dans vingt-quatre heures, il partira pour Paris, où on s'occupera de lui au mieux.

Vingt-quatre heures... Marie relève le défi, et, aussitôt rentrée au domaine, appelle Pascal à la rescousse.

— Sans toi, je n'y arriverai pas ! Je t'assure, cette situation est terrible pour lui comme pour moi. Il faut que tu retrouves la trace de son frère.

— Ne t'inquiète de rien, je vais t'aider. Et puis, je me demande ce que je pourrais te refuser ! Je t'écoute, qu'est-ce que tu sais de lui ?

— Le frère de Levo se nomme Hassan Bolak, il aurait trente et un ans, aurait été marin, à Marseille. Levo n'a plus aucune nouvelle depuis huit ans. Ce ne sera vraiment pas une mince affaire de remettre la main sur lui...

Dans le salon du domaine, aidée par Sabine qui relève les numéros des maternités de la région parisienne, par Carla qui prépare des sandwiches et des boissons, Marie appelle cliniques et hôpitaux, un par un, méthodiquement... Il faut dénicher l'endroit où est né Levo, et obtenir son extrait de naissance. Jusqu'à présent, aucun résultat, la liste se raccourcit, les chances diminuent. La nuit est tombée quand Béa surgit dans la pièce.

— Marie ! Je l'ai ! J'ai retenu toutes les secrétaires de la mairie jusqu'à dix heures et j'ai bien fait, on vient de le trouver... Levo est né à l'hôpital de Créteil ! Ils nous faxent l'extrait de naissance à l'ouverture demain ! Pour une fois qu'une adjointe au maire sert à quelque chose !

Le lendemain, Levo doit partir. L'âme en peine, cramponné au bras de Marie, il attend le train sur le quai de la gare. L'éducateur chargé de l'accompagner et la directrice du foyer sont là aussi. Mais l'enthousiasme de Marie, qui a brandi l'extrait de naissance, retombe bien vite.

— Bon, il est né en France, mais qui est responsable de lui ? Personne.

— Je vous l'ai dit, il a un frère, si vous nous laissez quelques jours, on va le retrouver.

— C'est au juge d'en décider maintenant, je lui faxerai l'extrait en rentrant au foyer.

Le train entre en gare ; l'éducateur grimpe sur le marchepied, fait signe à Levo de le suivre.

— Non ! Je n'irai pas, je n'irai pas !

L'adolescent hurle et sanglote à la fois. Marie, gênée, tente de le calmer, déchirée par cette insondable tristesse, impuissante... C'est fini. Il faut se résoudre à le voir partir.

— Stop ! Arrêtez ! Stop ! Je l'ai retrouvé !

Pascal a déboulé du hall, courant de toutes ses forces. En quelques enjambées, il a rejoint le petit groupe médusé, et, s'arrêtant net devant eux, se plie en deux pour reprendre son souffle, les mains sur les genoux.

— Vous pouvez m'expliquer ce qui se passe ? demande la directrice.

— Hassan… le frère… il est marin sur un bateau de marchandises, il a appareillé en 1999… sur un cargo français, *Le Cyclamen*, à destination du Sénégal. Regardez, j'ai même son contrat d'engagement !

Il fouille dans une poche, déplie le papier qu'il secoue devant le nez de la directrice. Celle-ci hésite, déjà les haut-parleurs annoncent le départ imminent du train 6643 pour Paris Montparnasse… Enfin, l'air agacée de s'être déplacée pour rien, elle hoche la tête.

— C'est d'accord, rentrons, j'appellerai le juge depuis le foyer.

C'est à peine si Levo, assis sur un banc dans la salle de jeux du foyer, daigne jeter un regard à Marie, qui tente de lui parler malgré le brouhaha des adolescents jouant au baby-foot, à quelques mètres de là.

— Ce n'est pas si grave, Levo, tu as échappé au pire. Et puis je viendrai te chercher, on passera le week-end ensemble, on ira se promener en mer…

— Ce n'est pas la peine de me sortir, je ne suis pas un chien, répond sèchement Levo, sans lever les yeux.

Marie dresse la liste des avantages, il a gagné la première manche… et puis, c'est une question de patience, Hassan ne tardera pas à reparaître ; le foyer, ce n'est pas le paradis, mais il y a d'autres jeunes qui peuvent devenir des amis…

— Ma seule amie, c'est toi. Et tu me laisses ici.

Marie soupire, ne sachant comment adoucir davantage la peine de l'adolescent traumatisé par les récents événements. Elle promet de tout faire pour convaincre la directrice. Ce ne sera pas facile, elle n'est pas très accommodante et, là encore, c'est une question de patience et de volonté. Levo finit par esquisser un sourire…

C'est un Pascal triomphant, hilare, qui attend la jeune femme à la sortie du foyer.

— Alors là, tu m'as épatée. Comment as-tu fait pour mettre la main sur Hassan en si peu de temps ?

— J'ai passé ma nuit à faire les bars des docks et à aboyer le nom d'Hassan… jusqu'à ce qu'un marin, bourré comme un coing, me dise qu'il le connaissait. Je lui ai payé un coup, un de plus, pour détendre la conversation… J'ai eu un mal fou à comprendre ce qu'il racontait, mais j'ai fini par saisir le nom de la compagnie maritime sur laquelle Bolak a navigué, il y a trois ans… Je me suis pointé, dès l'ouverture des bureaux, pas très frais, mais j'ai dû être convaincant… Et voilà… Bon, j'ai quelques heures de sommeil en retard… On se voit plus tard ?

— J'y compte bien ! lance Marie.

Et, au moment où il s'apprête à monter dans sa voiture, elle s'approche de lui et l'embrasse sur la joue.

— Merci, Pascal.

Il est déjà loin qu'elle répète encore, à voix basse :

— Merci, merci de tout mon cœur…

10.

Debout devant le comptoir, Carla est en train de broyer soigneusement une poignée de plantes séchées dans un mortier, quand Marie lance un « bonjour » joyeux depuis l'autre bout de l'herboristerie.

— Bonjour, Marie. Alors, Levo ?

— Tout va bien, il est toujours au foyer.

Tout en racontant les péripéties de la matinée à Carla, Marie réfléchit à la meilleure façon d'aborder le sujet qui la préoccupe. Elle a été très intriguée par l'efficacité de la mixture donnée à Levo, et voudrait en savoir plus sur cette préparation. Finalement, craignant que Carla ne veuille pas révéler ses secrets, elle décide de jouer la carte de l'humour.

— En fait, j'étais venue espionner ma sorcière préférée...

— Quoi ? Je ne comprends rien à ce que tu dis.

— Tu as bien jeté un sort à Levo, l'autre jour, pour que sa crise disparaisse d'un seul coup, comme par enchantement ? Oui, il m'a avoué ton intervention, et je voudrais bien savoir quelle plante a pu donner un résultat aussi fulgurant.

Carla prend la boîte en fer-blanc d'où elle avait extrait quelques grammes de poudre blanche, et la tend à Marie.

— Voilà ta mystérieuse plante. C'est une herbe au joli nom, l'herbe de Circé, qui, à ma connaissance, ne pousse que sur le domaine. Une fois réduite en poudre, elle soulage les crises de paludisme.

— Je n'ai jamais entendu parler de ça, murmure pensivement Marie, les yeux perdus au fond de la boîte.

— Forcément, le secret se transmet de guérisseuse en guérisseuse ! Les médecins officiels n'ont que mépris pour ces savoirs de guérisseuses. Mais la poudre a déjà fait ses preuves sur François, qui souffrait de la même maladie que Levo, il l'avait contractée en Afrique, pendant des fouilles. Après en avoir absorbé, il n'a plus jamais été malade.

Carla conduit alors Marie sur une parcelle du domaine, surnommée « le champ des sorcières », où, au milieu d'herbes folles, elle montre une petite plante frêle, sans fleurs.

— Voilà, elle ne pousse qu'ici, sans que personne ait jamais su pourquoi.

Marie en cueille une, délicatement ; Carla sourit en la voyant faire.

— Ne rêve pas trop. On dit que l'herbe de Circé n'est efficace que pendant sa floraison, et elle n'a pas fleuri depuis vingt ans…

En retournant vers le domaine, Marie amène la conversation sur Agnès, pour demander à sa mère de se réconcilier avec elle. Mais Carla aussi est une Valbonne, fière, un tantinet rancunière. Elle finit simplement par dire que sa porte reste ouverte et qu'Agnès peut venir quand elle le veut, même si ce n'est qu'une visite…

Dès le lendemain, Marie se présente au bureau de son vieil ami, le professeur Varnier, responsable des recherches de l'université de pharmacie de Nice, à Sofia Antipolis, pour l'entretenir de l'herbe de Circé. Malgré la réprobation muette de la secrétaire, elle obtient sans difficulté un moment d'entretien. Abrégeant les politesses d'usage, elle pose sur une table d'étude un échantillon de poudre et quelques feuilles fraîches d'herbe de Circé. Sa visite est des plus sérieuses, et Varnier lui confirme que personne à sa connaissance n'a jamais entendu parler de cette plante. Il faudrait la soumettre à quelques analyses pour en savoir davantage. Varnier, qui connaît la ténacité de Marie, capitule avant même de se battre : accepter tout de suite vaut mieux que céder dans quelques semaines, à force de la voir faire le siège du labo ! L'enjeu est capital à plus d'un titre : il se peut en effet que la plante sauve des vies et, si les résultats s'avèrent intéressants, Marie devra dire adieu aux voyages et se cloîtrer entre des murs d'éprouvettes jusqu'à ce que l'herbe de Circé ait livré tous ses secrets.

Quelques jours plus tard, Marie revient assister aux premières conclusions. Une assistante de Varnier, Michèle, accroche des agrandissements photographiques de cellules sur une paroi lumineuse. Marie et surtout sa mère avaient raison. La floraison de la plante provoque la production d'un principe actif dans les racines mais les échantillons étudiés sont trop vieux. Et sans fleurs... Michèle conseille de laisser tomber.

— Il n'en est pas question ! s'exclame Marie. La leucémie infantile était jusqu'à peu presque fatale, et aujourd'hui quatre-vingt-dix pour cent des enfants atteints sont en vie grâce à la découverte de la Vinchristine, à base de pervenche de Madagascar ! Une petite plante de rien du tout.

Marie conçoit que la tâche est plus que difficile, il serait peut-être possible de reproduire des molécules de synthèse. Michèle fait non de la tête, l'herbe de Circé contient du carbone asymétrique impossible à synthétiser. La seule solution est de la faire refleurir, pour rechercher les principes actifs, faire des essais de toxicité.

Marie est entêtée de nature, dès son retour au domaine, elle part à la recherche d'un nouveau spécimen, un plant peut-être en passe de fleurir… Carla l'observe, s'approche, confie sur un ton d'excuse :

— Tu sais… il faut comprendre la nature, savoir lui pardonner. Elle ne fait que ce qu'elle veut, ses envies ne sont pas les nôtres…

À quatre pattes dans les herbes folles, Marie fouille les feuilles.

— Il faut chercher, partout, dans le domaine… dans les livres, l'enjeu est capital, il s'agit de sauver des millions de gens du paludisme. Si les labos n'ont rien trouvé jusque-là, c'est sans doute parce qu'ils n'avaient pas la plante, c'est aussi simple que ça !

— Tu raisonnes en cartésienne ! ironise doucement Carla. Mais je t'admire, ma Marie, tu es si généreuse, si douée pour servir ta vocation. Tu as raison d'essayer, moi, je sais que l'herbe de Circé peut guérir, et tu es la première à y croire. Merci…

Rassérénée par leur conversation — cela fait longtemps qu'elle n'avait pas partagé une telle complicité avec Marie —, Carla rentre au domaine. Franck, l'ingénieur agronome de l'oliveraie, s'est improvisé comptable. Installé dans l'ancien bureau d'Agnès, il est en train de taper le bilan sur le clavier de son ordinateur. Il travaille sans arrêt ces derniers temps, il dit aimer être là, au domaine, à s'occuper des dossiers laissés par Agnès, et Dieu sait qu'elle est rigoureuse et que son sens de la perfection lui a facilité la tâche. Carla, qui se sent d'autant plus seule qu'elle croit être coupable de ce que chacune de ses filles quitte la maison, lui en est reconnaissante.

— D'autant que je ne comprends rien aux ordinateurs. Sans toi, Franck, je serais perdue...

Il se lève, prend une des mains de Carla pour mieux l'attirer à lui.

— Je suis beaucoup plus présent que tu ne l'imagines... dit-il en lui caressant la joue, du bout des doigts.

Surprise par l'éclat d'amour qu'elle discerne soudain dans ses yeux, Carla, troublée, s'écarte.

— Franck...

Mais il la ramène vers lui, doucement, pose ses mains sur son visage et commence, avec infiniment de douceur, à l'embrasser dans le cou, puis sur les pommettes... Ses lèvres effleurent les siennes, Carla ferme les yeux et retient son souffle. Sans qu'elle résiste, sans qu'elle sache vraiment comment, Carla se retrouve dans sa chambre. Ils se donnent l'un à l'autre, avec une passion exacerbée par l'attente de Franck.

Calée sur l'épaule de cet amant inattendu, en écoutant son souffle s'apaiser peu à peu, Carla éprouve un sentiment de gêne. Bientôt, elle n'y tient plus et se lève, attrapant précipitamment un peignoir afin de cacher sa nudité. Cette excessive pudeur amuse Franck. Elle est si belle, non pas belle, mieux, resplendissante.

— Je voudrais que tu aies la gentillesse d'oublier ce qui vient de se passer... finit-elle par murmurer, sans oser se tourner vers lui.

Franck sourit toujours.

— Il n'en est pas question, Carla. Je vais t'expliquer quelque chose, une fois pour toutes : je me fiche que tu aies quinze ans de plus que moi. Je t'aime et c'est tout ce qui compte.

— C'est impossible…

— Je t'aime. Tu es toute ma vie.

— C'est impossible, je te dis ! crie soudain Carla en se retournant, les larmes aux yeux. L'amour, c'est fini pour moi, j'ai tiré un trait dessus.

— Tais-toi, gronde Franck.

Et il se lève, l'enlace, l'embrasse avec une passion qu'elle ne tarde pas à lui rendre…

Alors que le soleil décline au-dessus de quelques voiliers retardataires, Marie, Agnès et Béatrice se retrouvent pour un pique-nique à la crique de Saint-Jean, choisie pour sa vue somptueuse sur la mer. Marie a attendu cette soirée pour leur annoncer qu'elle restait à Saint-Circe, qu'elle épousait sa vocation de médecin. L'allégresse est au rendez-vous, mais Agnès ne résiste pas au désir d'évoquer sa peine, il y a peu elles étaient quatre et maintenant… Béa, joviale et confiante de nature, lui conseille entre deux bouchées de laisser à Sabine le temps dont elle a besoin… mais devant la mine fermée d'Agnès s'empresse de changer de sujet.

— Alors, Marie, et Alex ?

Aussitôt, Marie en parle comme si elle lisait une sentence : il est trop compliqué, trop intransigeant, trop…

— … passionné, ajoute Agnès. Exactement comme toi. C'est ton double.

— Eh bien oui… Et c'est justement pour ça que rien ne marche entre nous. Moi, j'ai envie d'une relation adulte, apaisée, apaisante… avec un homme qui m'aimerait telle que je suis et que j'aimerais tel qu'il est…

— ... et qui s'appellerait Pascal... Pascal Bobbio par exemple ! Je dis ça au hasard, tu t'en doutes !

— Ah non ! on est amis et c'est bien comme ça. Sauf qu'avec lui, c'est différent, il me comprend, il ne me juge pas.

— Et en plus, c'est le célibataire le plus convoité de la région... Beau comme un dieu grec, sympa et j'en passe. Toutes les femmes du coin lui tournent autour... mais rien. Et toi, tu pointes ton joli museau et hop !

— Non, avec lui ce n'est pas ça. Pas du tout.

— Je veux bien prendre les paris ! renchérit Agnès. C'est vrai qu'il y a de quoi hésiter... Pascal ou Alex, Alex ou Pascal ? Ce sont les deux mecs les plus sexy que je connaisse... Ah, si tu savais comme j'aimerais avoir tes problèmes...

11.

Et pourtant, le lendemain soir, quand Marie sonne chez Pascal qui l'a invitée à dîner, elle est bien obligée de s'avouer qu'elle se sent un peu fiévreuse, comme en attente, mais de quoi ?

— Ah, te voilà enfin !

Pascal plaisante, il en était arrivé à se demander s'il ne fallait pas tomber malade pour être sûr de la revoir… Marie, détendue maintenant, sort un paquet de son sac, elle n'a pas fait d'effort d'emballage, un morceau de papier kraft et quelques restes de ruban. Ça vient de l'océan Indien, seul indice qu'elle accepte de lâcher. Pascal regarde autour de lui, la pièce est encombrée de collections, coquillages, objets de marine, poteries… Il déballe le paquet, avec une précipitation qui trahit sa hâte, et découvre une statuette exotique.

— C'est malgache. Le dieu des fonds marins…

— Je peux lui demander de te protéger ? plaisante-t-il. Vu ta propension à t'attirer des ennuis en un rien de temps !

— … et à t'y entraîner avec moi ! J'aimerais bien qu'il veille sur toi…

— Attention, Marie… c'est dangereux ce genre de souhait ! Si le dieu comprend de travers, il va nous marier !

— Je voulais simplement te remercier encore, pour Levo.

— J'aurais fait bien plus pour ne pas te décevoir. Mais je dois dire que tu places la barre très haut…

Elle acquiesce, ils se regardent longuement, assis l'un près de l'autre face à la cheminée, sans songer à manger. Un instant de parfait bonheur emplit la pièce, un moment de délices qu'ils veulent partager pour ne jamais l'oublier. Et, avec la même passion, ils se rapprochent, s'enlacent, s'embrassent avec fougue… Marie commence à déboutonner son chemisier, Pascal a déjà ôté son tee-shirt quand la sonnerie du portable retentit. Marie gémit, Pascal lui souffle à l'oreille de laisser sonner, mais on ne sait jamais, si c'était grave ?

C'est la Ddass, Levo vient de s'enfuir du foyer… La directrice pense qu'il est peut-être rentré au domaine.

Si, l'espace d'une soirée, tout semble s'apaiser chez les Valbonne, il n'en est pas de même chez les Lantosque. Dans l'après-midi, Pierre est allé rendre visite à son père, au parloir, et l'a trouvé fatigué, épuisé, même. Ses traits sont tirés, son visage d'une pâleur qui ne présage rien de bon. C'est tout juste s'il a trouvé la force de se mettre en colère quand Pierre lui a glissé qu'Alex voulait vendre les carrières… Et puis il a abrégé la conversation, faisant signe au gardien pour qu'on le ramène dans sa cellule, laissant son fils sans voix.

Sur le chemin du retour, les questions se bousculent dans l'esprit tourmenté de Pierre. Comment son père peut-il lâcher aussi facilement ce qui lui était le plus cher ? La prison peut-elle l'avoir brisé si vite ? D'ailleurs, est-ce bien la prison ? Ou Marie, celle qui l'a envoyé là, celle qui l'a dénoncé ?

Pierre est si absorbé par ses pensées de haine et de vengeance qu'il ne remarque le petit homme en costume qu'en descendant de voiture, devant ses bureaux. Le flot de mauvaises nouvelles continue. C'est un huissier, venu procéder à la mise en liquidation. Pierre voit rouge.

— Dehors ! Dehors ! Foutez le camp de chez moi !

— Pierre !

Agnès tente de le calmer, mais peine perdue. Le poing levé devant l'huissier, Pierre crie qu'on veut sa peau et celle de son père, et qu'on ne l'aura pas, jamais.

— Je ne peux que constater, hélas, que vous n'êtes pas en état de discuter, monsieur Lantosque, déclare l'huissier. Ma bienveillance a des limites… et commence à s'épuiser.

Il remonte en voiture, après avoir salué Agnès qui se désole. Immédiatement, Pierre s'en prend à elle, au clan des Valbonne, à toutes ces femmes qui ne savent que nuire ! Et sa fureur ne fait que croître lorsqu'il voit approcher Marie, sa trousse de médecin à la main. Elle est venue soigner un ouvrier blessé par un fragment de roche, et les éclats de voix l'ont alertée. Elle s'inquiète pour sa sœur, étant donné le caractère emporté de Pierre, on ne sait jamais.

— Comment oses-tu entrer dans ce bureau ? C'est pas assez d'avoir foutu mon père en taule ? Espèce de salope.

Il éructe maintenant. Marie, sans mot dire, attrape sa sœur par le bras et sort.

— Viens, il délire, vu son état, il vaut mieux s'éloigner. Allons boire un verre.

Alors que la voiture de Marie s'éloigne sur le chemin, Alex

arrive par la montagne. Il regarde le nuage de poussière, reconnaît la voiture, se dirige vers le bureau. Il n'a pas le temps de franchir le seuil, Pierre sort précipitamment, en furie, il répète, comme un leitmotiv :

— Elles m'auront pas!... Ni moi ni papa... Ni toi non plus.

Sidéré par cette crise de violence, Alex suit du regard son frère qui fonce, tête baissée, vers la remise, où il fouille avec rage, à la recherche de quelque chose. Alex pousse la porte du bureau en haussant les épaules. Il en a assez vu, ce n'est pas le moment de rester, ni même d'essayer de calmer ce fou furieux. Il préfère se pencher encore sur la comptabilité, chercher, encore et toujours, une solution...

Deux heures plus tard, c'est avec un profond soupir qu'il pose son stylo. Rien à faire. Alex se lève en s'étirant et va faire quelques pas dans la fraîcheur de la nuit. Là-bas, de l'autre côté de la montagne, une lueur tremble et grandit...

Pris d'une folle inquiétude, Alex court vers sa voiture, s'engage dans le chemin qui mène au domaine Valbonne. À la limite de l'oliveraie, il comprend. Le feu! Et là, sur le bas-côté, la voiture de Pierre.

Aussitôt il s'élance vers cette intense lumière qui incendie déjà une partie de la nuit. Pierre, comme hypnotisé par ce qu'il vient de faire, porte encore à la main un jerrican vide, et contemple son œuvre, le visage barré par un sourire satisfait. Autour d'eux, les ombres tressautantes des oliviers en flammes gémissent. Alex n'a même pas la force de crier.

— Tu n'as pas fait ça, dis? Ce n'est pas toi?

— Fous-moi la paix! Te mêle pas de ça... Tu es de leur côté...

— Tu es malade, Pierre, articule Alex d'une voix blanche. Tu es vraiment devenu fou. T'en prendre aux Valbonne comme ça...

— Il fallait qu'elles payent, ces foutues salopes ! crie Pierre en le saisissant violemment par un pan de sa veste. Qu'elles payent pour tout le mal qu'elles nous ont fait, elles et leur sorcière de mère ! Du mal à toi, à papa, à moi…

— Arrête ça tout de suite. Lâche-moi.

— Je te lâche si je veux ! C'est pas toi qui feras la loi ! Tu m'as toujours traité comme de la merde, mais maintenant je te jure que ça va changer ! Papa et moi, on n'est rien pour toi ! De toute façon, tu n'aimes personne à part tes loups… et cette garce de Marie… Mais elle te méprise, Marie ! Mais pour elle, t'es qu'un pauvre type, un raté. Tout le monde le sait que t'es un raté !

Ce n'est plus la peine de parler, les deux frères se jettent l'un sur l'autre et commencent à se battre violemment, leurs corps roulent dans le chemin, les broussailles ; Alex se dégage un moment mais Pierre, fou furieux, la haine dans les yeux, fond sur lui comme sur une proie et le plaque au sol. Il cogne de plus belle alors que, derrière eux, l'incendie se propage d'autant plus rapidement que le vent vient de se lever. Alex, à bout de nerfs, attrape le cou de son frère, serre, et soudain, relâche sa prise, livide, prenant conscience de ce qu'il était en train de faire… Pierre se masse la gorge, tassé sur lui-même, et se détourne brusquement pour plonger dans sa voiture. Il démarre en trombe.

Alex se relève pantelant, du sang coule d'une de ses narines, il se tourne vers l'incendie qui gagne du terrain. Un épais nuage de fumée bouche l'horizon.

Au domaine, l'alerte est donnée. Après avoir appelé les pompiers, Carla et Franck sont sortis devant la maison, contemplant l'incendie qui se propage dangereusement, les larmes aux yeux, impuissants. Un 4×4 entre dans le jardin, c'est Marie. Pascal est avec elle.

— Maman, crie Marie sans même descendre de voiture, on va monter sur la colline, se faire une meilleure idée de l'étendue des dégâts.

D'abord le 4×4 se fraie un chemin dans les buissons. Mais bientôt, ils sont arrêtés par les flammes, ils ne peuvent aller plus loin. Alerté par un cri par-dessus les craquements du feu, Pascal descend de voiture. Un nouveau cri retentit.

— C'est Levo !

À quelques mètres d'eux, l'adolescent est encerclé par une couronne de pins et de broussailles embrasés. On distingue à peine la silhouette de l'adolescent, qui hurle de terreur à travers l'épais rideau de fumée.

— J'y vais, dit Marie.

— Tu es folle ! Il faut aller chercher de l'aide, on ne pourra pas passer comme ça. Il faut redescendre.

— C'est ça, et, quand on reviendra, il aura brûlé vif, et ce sera notre faute !

Elle s'arrache des bras de Pascal et se rue dans les flammes. Un arbre devenu torche chancelle au-dessus d'elle, elle ne voit rien, Pascal s'élance et plonge sans réfléchir, ils roulent ensemble sur le côté, indemnes. Levo est tout près, à quelques pas, derrière les restes brûlants du pin écrasé, dont la chute ranime de plus belle le brasier. Pascal serre contre lui de toutes ses forces Marie, qui regarde, au bord de l'hystérie, impuissante, le mur de flammes. Il n'y a plus rien à faire… Mais quelque chose bouge dans cet enfer, une forme, une ombre en feu, vacillante, semble surgir… C'est un homme, il avance péniblement, portant dans ses bras Levo, qui s'accroche à son cou comme un noyé à une bouée. Un foulard hâtivement noué sur le visage de l'adolescent, une veste au sol, en feu, tout autour une muraille infernale… Des flammèches commencent à dévorer les vêtements de l'homme qui avance à grandes enjambées, droit devant. Encore quelques pas, et ils sont saufs…

C'est Alex ! Marie l'a reconnu, c'est Alex qui, le souffle coupé, suffoquant et toussant, se laisse tomber à terre, sur les genoux, sans pour autant lâcher Levo. Marie se précipite pour éteindre les flammèches avec sa veste, elle arrache le foulard de protection afin que le gamin puisse enfin respirer. Alex peine à parler, Levo reste accroché à lui jusqu'à ce qu'il aperçoive Marie, il se jette dans ses bras ; Pascal les rejoint aussitôt.

Très lentement, Alex se relève, il contemple un instant le trio qui s'embrasse avec bonheur. Il se sent de trop, comme inutile, son regard croise celui de Pascal qui lui sourit, plein de reconnaissance. Enfin, Marie vient vers lui, en larmes, incapable de parler. Il la fixe longuement, les yeux brillants, comme fiévreux, remplis d'une fulgurante douleur… Celle de n'être pas aimé.

— Alex… sans toi… tu sais…

Mais que répondre quand tout clame qu'il est trop tard, quand la joie d'avoir sauvé une vie ne réussit pas à alléger sa peine ? Alex replonge un instant sa tête entre ses bras puis se détourne, une main sur le front. La silhouette qui, tout à l'heure, avait bondi dans les flammes s'éloigne maintenant, voûtée, le pas lourd.

Bien qu'elle soit bouleversée, Marie ne le retient pas, ils sont déjà tous autour d'elle, Levo, Pascal, Carla… une famille. Un clan soudé, quoi qu'il advienne.

À la lueur de la lampe à huile de sa bergerie, Alex cherche les quelques bouteilles de prune qui lui restent et boit. Cette fichue eau-de-vie qu'il a partagée, un soir de douceur, avec Marie. Au lieu de lui faire oublier sa tristesse, l'alcool la ravive, tout lui parle d'elle. Il titube et se jette sur son lit tout habillé, écrasé de fatigue. Son sommeil est agité de mauvais rêves.

À l'aube, la migraine le réveille pâteux. La nuit n'a rien arrangé, tout au contraire, la nervosité s'ajoute au malaise, la rage à l'écœurement. Il fait quelques pas, allume un feu, sort de la bergerie et aperçoit, à quelques mètres, Flavia la louve, assise sous un arbre. Elle semble l'attendre, le regard suppliant. Il ne supporte pas la présence de cette bête qui l'aime, et reste là sans bouger. Il a beau lui crier de s'en aller, de le laisser tranquille, elle demeure immobile, imperturbable. Cette placidité l'exaspère et, sans qu'il sache pourquoi, il saisit une pierre et la lance sur la louve, qui se redresse et s'en va tranquillement. Alex se rend soudain compte de l'absurdité de son geste. N'est-il bon qu'à détruire ce qu'il aime ? Il rentre s'asseoir devant le feu, et, comme hypnotisé par les flammes jumelles de celles qui la veille ont failli lui être fatales, il passe en revue les derniers épisodes de sa vie, sans y voir un seul message d'espoir…

C'en est trop… trop de contradictions, d'impasses, de ratés. Il ne reste qu'une solution : changer de cap. Il est neuf heures trente, c'est l'heure de sa nouvelle vie, une vie qu'il aura choisie.

Mû par une soudaine résolution, il se sent déjà mieux. Il file au bureau où Agnès fait l'inventaire des machines.

— Bonjour, Alex. Bonne nouvelle, je viens d'avoir les carrières de Sospel, ils acceptent de nous racheter. Leur offre rembourserait la quasi-totalité des dettes.

— On ne vend plus.

Elle en reste interdite, et Alex lui décoche son plus beau sourire.

— Je reprends les choses en main, Agnès, on repart à zéro. Et ne me regarde pas comme ça, s'il te plaît ! Je n'ai besoin de l'avis de personne, ni du tien ni de celui de Pierre ! De toute façon, il est allé se planquer de l'autre côté de la frontière, comme chaque fois qu'il a fait une connerie. Ma décision est prise : je relance les carrières.

— Pourquoi pas, ajoute Agnès, mais si tu fais ça pour Marie…

— Ah, ne me parle plus de Marie, pour l'amour de Dieu ! J'ai perdu trop de temps et d'énergie à cause d'elle !

— Mais… tu n'y connais rien… Ton truc, c'est les loups… Et puis, sans argent…

— Si tu ne me fais pas confiance, je ne te retiens pas ! Qui n'est pas avec moi est contre moi, c'est clair ?

Agnès ne moufte pas, fait oui de la tête et replonge le nez dans ses comptes.

Un homme nouveau vient de naître à lui-même ; lassé d'attendre que le bonheur vienne frapper à sa porte, Alex vient, après une nuit semblable à une métamorphose, de se reprendre et de changer du tout au tout…

12.

La fugue de Levo ne lui donne guère l'avantage aux yeux de l'administration. La directrice du foyer n'entend pas que l'adolescent soit une source permanente de soucis, elle a convoqué Marie dans son bureau. Les deux femmes ne partagent pas du tout les mêmes vues : si Levo reste à la Ddass, il recommencera à fuguer et tout le monde le sait ; alors, à quoi bon insister, se mentir ? Qu'est-ce que cela peut faire que ce soit Marie qui s'occupe du petit puisque c'est elle qu'il voulait retrouver en fuyant ? Marie n'est-elle pas médecin, Levo n'a-t-il pas le paludisme ? Ne sera-t-elle donc la mieux placée pour surveiller ses crises ?

— Vous avez déjà quarante enfants sur les bras, vous décharger de l'un d'entre eux serait vous rendre service, ajoute malicieusement Marie. Ensuite, on verra avec son frère, quand le cargo sur lequel il navigue sera revenu en France.

La directrice commence à fléchir devant cette force de persuasion, tout en continuant cependant de penser que le laisser à Marie ne serait pas très orthodoxe… La jeune femme joue alors le tout pour le tout, bluffe, affirme que le maire de Saint-Circe, le vieux Paziols, a accordé l'autorisation de garde.

Levo attend dans le couloir en compagnie de Pascal, les mains moites, le cœur en rafales. Il a tellement peur qu'on l'enferme… Quand Marie sort du bureau de la directrice, il lève vers elle des yeux baignés d'angoisse, mais elle sourit, c'est gagné !

— Tu peux aller chercher tes affaires, Levo, je t'emmène.

Il lâche aussitôt la main de Pascal et part en courant vers sa chambre. Mais, pris d'un doute, il s'arrête net, revient sur ses pas.

— C'est sûr… Tu me gardes avec toi ? Pour de bon ?

— Promis… jusqu'à ce qu'on retrouve Hassan. Mais nous n'en sommes pas encore là.

Sur le chemin du domaine, Levo, plaqué contre le dossier du passager avant, passe ses mains autour du cou de Marie, qui lui caresse tendrement le bout des doigts. À la maison, une surprise l'attend, un vélo que Pascal avait caché dans le coffre. Fou de joie, l'adolescent admire l'engin, affirme qu'il sait en faire… Mais il a quelques difficultés à lancer sa nouvelle machine sur le gravier de la cour. Pascal maintient la selle en poussant, le cycliste amateur tangue un instant puis s'élance. Marie, venue se lover dans les bras de Pascal, le trouve encore si petit, ce garçon qui roule maladroitement, si fragile, si seul dans la vie…

— Moi aussi, ajoute Pascal, quand je te regarde, je me sens tout petit et si fragile…

— N'en fais pas trop !

Il surenchérit :

— Pour te garder, je suis prêt à en faire beaucoup plus, mille fois plus ! Tout sauf une chose… Je ne pourrai pas te partager avec un autre…

— Ne t'inquiète de rien. Alex, c'est ma jeunesse ; toi, tu es… comment dire… mon présent.

— Je ne te l'ai jamais clairement dit, mais c'est le moment ou jamais : tu es la plus belle chose qui me soit arrivée, la seule femme qui me permet de ne pas avoir peur d'être un homme. J'ai sans doute l'air idiot en te le disant mais je m'en fiche, je suis sincère... Je te dois déjà tellement de bonheur, de joie de vivre. Si tu savais tout ce que tu donnes sans le savoir ! Avec toi, tout est beau, tu es mon matin de printemps... mon...

— N'ajoute rien... embrasse-moi...

Elle prend doucement son visage entre ses mains et l'embrasse. Autour d'eux, Levo roule en faisant des cercles, comme pour les protéger du monde.

— Je te signale, Marie, que nous attendons des nouvelles...

Sur le perron, Carla et Sabine, Béa et sa fille Emma arborent un sourire attendri en regardant ces amoureux.

— Tout va bien, lance Marie. Euh, Béa, j'espère que tu ne m'en voudras pas, j'ai un peu baratiné la directrice... Je n'avais pas trop le choix, je sentais qu'elle ne lâcherait pas, alors j'ai affirmé que le maire était d'accord...

— Tu as bien fait... J'en toucherai deux mots à Paziols, qui ne me refuse rien, comme ça, si la directrice appelle, il confirmera. Et je vais essayer de lui trouver une place au collège.

Carla fait la moue, elle se demande si tout cela est bien raisonnable. Il ne faut pas garder l'adolescent pour mieux l'abandonner plus tard...

— Raisonnable ! Mais qu'est-ce que c'est que ce mot-là ! Excuse-moi, maman, mais la raison ne fait pas tout. Je n'accepte pas de m'occuper de Levo pour le lâcher ; d'ailleurs, pour l'instant je reste, la question ne se pose pas. Il me passionne, ce gosse.

— De toute façon, Carla l'adoptera si tu te barres ! persifle Sabine, elle adore ça, les enfants des autres...

Choquée, blessée, Carla ne répond pas. Sabine enfourche sa mobylette, part sans se retourner.

— Il y a du mieux, elle plaisante, ajoute Marie. Bon, je voudrais voir les dégâts causés par l'incendie...

— Tu vas avoir un choc, l'avertit Franck.

Le spectacle est navrant, beaucoup d'oliviers ont brûlé, la grande parcelle sur laquelle Carla cultivait ses plantes, dont l'herbe de Circé, a été totalement ravagée. Par bonheur, elle avait cueilli la veille celles dont elle avait besoin pour ses préparations. À l'abri d'une rangée de pierres formant barrage, Marie découvre avec étonnement quelques plants de Circé épargnés. Mais toujours pas la moindre fleur... Pourquoi ? se demande Marie. Peut-être que les conditions climatiques ne sont plus favorables ? Et si on arrivait à les reproduire en étudiant le climat de l'année où l'herbe de Circé a fleuri pour la dernière fois ? Il faudrait rassembler les données, pluviométrie, ensoleillement, température... On ne sait jamais, quelquefois, dans les mêmes conditions, on obtient les mêmes résultats, malgré les impondérables.

— Venez voir ! crie Levo.

Il a trouvé des ruines en butant sur elles avec son vélo. Avec Emma, il a mis au jour d'autres pierres, qui, à vue d'œil, semblent former un cercle. Comme pour délimiter l'espace sacré d'un temple. Il n'en faut pas plus à Carla pour s'écrier :

— Le temple de Circé ! Vous l'avez trouvé ! C'est sans doute l'incendie qui a dégagé le site...

Béa hausse les épaules et, pourtant, ce serait logique. L'herbe de Circé ne porterait pas ce nom si elle n'était attachée à un culte, à une divinité ou à une magicienne. Pas de doute, pas de hasard possible. Marie se penche, gratte un piédestal couvert de mousse, et découvre, gravée sur la base en marbre, une étoile. La forme du dessin l'intrigue. Elle réfléchit, elle a déjà vu ce symbole quelque part. Où ? Impossible de se rappeler. Mais son père avait effectué de nombreuses recherches sur les traditions locales.

Sans plus attendre, elle rejoint le bureau de François et fouille, fébrilement, les documents amassés, à la recherche de quelque indice. Rien dans les dossiers sur Saint-Circe, rien dans son journal… Mais, dans les dernières pages d'un carnet manuscrit portant la mention « notes éparses », elle voit, dessinée de la main de son père, la même forme étoilée que celle gravée sur la pierre du temple. Dans la marge, une position maritime est griffonnée : « Sud 3 milles / Sud-ouest 1 mille. » Marie n'en croit pas ses yeux, tout était à portée de la main, mais sans ordre, éparpillé, comme recouvert par le temps d'une couche d'oubli et de poussière. L'impatience décide pour elle, elle court jusqu'au port et supplie Pascal de replonger avec elle. Il amarre sur le quai d'Abyss un bateau à moteur.

— Tu es sûre que tu veux retourner voir les fonds ? Et fouiller pour trouver on ne sait quoi de précis ? Ce sont de vieilles histoires ! Du passé…

— Peut-être… mais tu me connais, si je n'y vais pas, je n'en dors plus. Oui, le passé me rattrape, et alors, je ne vais quand même pas le laisser sans réponse. C'est un signe, je dois y répondre ! Tu sais, une fois, au Kosovo, un ami médecin dégoûté par les agissements des militaires albanais m'a dit : « Chez nous, en Pologne, nous avons un proverbe : "La vérité, comme l'huile, remonte toujours à la surface", ils paieront pour tout ça ! ». Il avait raison, le passé, la vérité remontent ! Je ne me vois pas continuer à vivre comme si de rien n'était. Oui, j'ai peur… mais tu vas m'aider à surmonter ma phobie de l'eau. Avec toi, j'y arriverai… Pascal, écoute, mon père avait trouvé quelque chose ! Mais quoi ? Je ne serai pas tranquille tant que je ne saurai pas ce que c'est. Il faut que j'y retourne !

Pascal ne se voit pas refuser quoi que ce soit à la femme qu'il aime. Ils plongeront ensemble. Mais, cette fois, ils vont préparer leur excursion. L'après-midi même, il propose une répétition avec plongée en surface, passe en revue les gestes qui sauvent : main fermée, pouce levé vers le haut, tourné vers le bas, main plane, un cercle avec le pouce et l'index... Marie se souvient de tout, déchiffre : O.K., on remonte, on redescend... Je n'ai plus d'air... Est-ce que tout va bien ?

La théorie... Oui, mais il lui suffit de regarder la mer pour n'être plus sûre de rien... La peur est là, qui ne se contrôle pas si aisément. Enfin, Pascal arrête le bateau juste au-dessus de la position notée par François. Tout est calme, la mer est d'huile. Propice à ce que les souvenirs remontent à la surface... Pascal plonge le premier, elle le rejoint dans les flots transparents. Tout va bien.

Marie suit Pascal qui plonge plus profond à longs coups de palmes. Ils ne tardent pas à distinguer une épave vermoulue qu'ils contournent. Pascal trouve une écoutille, pénètre dans les entrailles du bateau. Après avoir hésité quelques secondes, elle le suit, calme au point de jouer avec quelques poissons curieux. Le navire est immense, son exploration demandera du temps ; mais les mouvements des plongeurs soulèvent de la boue, l'eau se trouble, s'opacifie, la progression devient difficile. Marie commence à s'inquiéter, elle sent son cœur accélérer ses battements, elle s'arrête, se force à respirer lentement, plusieurs fois de suite. Soudain, son regard est attiré par un faisceau lumineux qui clignote là où Pascal s'est aventuré. Il vient d'allumer sa lampe torche et fait de nombreux signes de détresse. À grands coups de palmes, Marie le rejoint. Il s'est accroché à des paquets d'algues, sa bouteille est coincée par des coraux. Marie tente de l'aider, mais s'énerve, impossible de dégager la bouteille sans abîmer le détendeur. Les aiguilles du cadran témoin indiquent que la teneur en oxygène baisse.

Le passé remonte alors du fond de l'esprit de Marie, par flashs… comme à l'instant la lampe torche fendait l'obscurité boueuse. Elle revoit tout, précisément, la scène brouillée par la culpabilité reprend vie : François a du mal à respirer, elle aussi, leurs cadrans indiquent que bientôt l'oxygène manquera, François — exactement comme Pascal — ne peut se dégager. Il est coincé par une grosse roche et, au cœur de la pierre, une forme se dessine, une étoile caractéristique… François fait signe à Marie de remonter, elle refuse mais, contrainte à cause du peu d'oxygène qui lui reste, elle abandonne son père. Et tout à coup, plus rien, plus une image, plus le visage de François… « Papa… mais que s'est-il réellement passé ? Es-tu resté coincé ? Comment un plongeur aussi expérimenté n'a-t-il pu se dégager de son équipement ? » Mystère. Le temps a effacé les détails. Pour l'instant, il faut aider Pascal, l'obliger à laisser son équipement, le faire respirer avec son propre détendeur…

Pouce vers le haut. En se tenant par la taille, respirant à tour de rôle sur le détendeur de Marie, ils sortent de l'épave et remontent lentement à la surface.

De nouveau sur le bateau, les deux plongeurs, collés l'un à l'autre, roulent sur le pont ; leurs combinaisons dégoulinent, leurs mains se cherchent. Pas d'autre bruit que le léger clapotis des vagues sur les flancs du canot, peu de vent, une chaleur propice à laisser aller ses sentiments et ses désirs. Seuls au milieu de l'immensité, les amants sont encore plus proches, leurs corps s'appellent, se trouvent, se dénudent. S'aimer dans ce grand calme, sous le regard curieux de quelques mouettes, se donner à même le bois du pont, comme pour oublier le temps, le monde. Ne pas s'apercevoir que lentement tombe la nuit, n'être que gestes tendres et amoureux, vouloir que le plaisir efface les angoisses… Ils dorment là, sur cette eau qui les berce, réveillés par le jour qui point sans violence, leurs lèvres avides de se mêler encore. Il paraît que le premier qui parle après l'amour dit toujours une bêtise, comme si les mots ne réussissaient pas à traduire l'intensité des sentiments et du plaisir. Pascal écarte une mèche sur l'œil de Marie et dit :

— Cette fois… tu l'as fait, le grand plongeon !

Elle le regarde tendrement, c'est tout ce qu'il a trouvé… Mais elle ne veut pas le décevoir, il attendait cet instant depuis si longtemps.

— Tu as bien fait de plonger… je n'avais pas peur, pas comme tout à l'heure. Il est plus facile d'être dans tes bras que dans les grands fonds… Quand je me suis retrouvée dans l'épave et que je t'ai vu prisonnier des algues et des coraux, ma trouille a réveillé mes souvenirs enfouis… J'ai revu papa se coincer dans un rocher… Et cette grande étoile gravée dans la pierre, la même que celle du domaine…

— Plus on avance et moins c'est clair ! Ça promet. Pourquoi veux-tu toujours tout comprendre ?

— Pour être définitivement en paix. Tant qu'on n'a pas réglé les vieilles dettes, on ne vit pas, on surnage… Et tu es là, au bon moment, aimant, attentif, disponible…

Ils continuent de se parler en s'habillant, l'un vêtu par le regard de l'autre, un léger polo vite enfilé, une jupe fleurie, un jean, un tee-shirt ; l'avantage de l'été, c'est qu'on porte si peu de choses et qu'on met aussi peu de temps à les enlever qu'à les remettre…

Les amants retournent au port, cheveux au vent, cœurs légers, mais Marie n'est pas totalement satisfaite. Dans le bureau d'Abyss, Pascal étend des cartes marines, Marie montre un point précis, celui d'où elle est partie avec François, il y a huit ans. Ils ont navigué une heure sud/sud-ouest.

— On est à peine secs qu'il va falloir y retourner, c'est bien ça ? S'il s'agit de replonger avec toi… je suis toujours partant.

Marie saisit l'allusion et sourit.

— Je te vois venir… avec tes palmes ! Comme tu vois, je suis une emmerdeuse, je ne renonce jamais !

— C'est sans doute aussi pour ça que je t'aime…

— Moi aussi je t'aime…

— Je finissais par me poser des questions ! Tu ne me l'avais encore pas dit. C'est si dur à exprimer ?

— Quand il y a du soleil, quel besoin de proclamer qu'il fait un temps formidable, ça se voit ! Viens, embrasse-moi.

Ils s'enlacent sur les cartes marines, un compas tombe à terre, Pascal enveloppe Marie de caresses, ses mains courent sur un corps consentant, ouvert comme un lit nuptial. Se toucher, s'étreindre pour glorifier le vivant, la puissance de son cœur battant pour un autre…

— C'est fou ce que je plonge en ce moment… Dès que je te vois, plouf! Bon, un peu de sérieux, monsieur Bobbio. On a du boulot. Il faut que j'appelle Varnier pour lui dire qu'il reste une chance de voir refleurir l'herbe de Circé. Là non plus je n'abandonne pas… Une sangsue, je te dis, je m'accroche et je ne lâche pas !

Tout en s'entretenant avec le professeur, Marie marche distraitement du bureau au ponton quand un coup de klaxon lui fait tourner la tête, un crissement de pneus : un 4×4 rutilant se gare sur le parking du port. Un homme en sort, lunettes de soleil, élégance italienne, genre beau mec bien sapé, costume croisé. Il regarde Marie, lui sourit et, tout d'un coup, elle reconnaît Alex, sans en croire ses yeux. Elle ne l'avait jamais vu ainsi : si sûr de lui, si fringant, si à l'aise. Il dépose un paquet au bar et remonte en voiture. Marie, stupéfaite par cette apparition, croit rêver. Elle bafouille quelques paroles incohérentes à Varnier, prend congé, suit le 4×4 des yeux, comme pour se prouver qu'elle n'a pas tout inventé.

— Mais qu'est-ce que je fais ?... Tu es folle, ma pauvre Marie ! Tu ne vas quand même pas le pister !...

Alex est un autre homme, il a décidé de tout reprendre en main, sa vie comme les carrières. Il fait peau neuve et, comme on ne s'habille pas de la même manière quand on s'occupe de loups que quand on travaille à redresser une affaire, le costume italien, le look play-boy s'appliquent parfaitement à ce changement de cap. Il veut d'autant moins avoir l'air d'un berger qu'il se rend à un rendez-vous capital. Avec Nils, au casino de Cannes. Il n'est pas familier de ce genre de lieux mais s'en tire avec une aisance admirable. Un responsable le conduit dans le bureau du patron, qui ne se donne pas la peine de quitter son fauteuil et continue de lire le journal en levant à peine les yeux.

— Alex Lantosque... Mais quel honneur !... On vous voit si peu ici. Si vous cherchez votre frère, je suis au regret, il n'est pas venu ce soir. Mais, suis-je bête, nous avions rendez-vous. Bien que vous ne m'ayez pas dit la raison pour laquelle...

— ... je suis venu pour affaires.

— Des problèmes avec les loups ?

— Pas ceux que vous croyez... Les ennuis que j'ai seraient plutôt dus à l'acharnement de quelques chacals, huissiers et compagnie, qui veulent liquider les carrières.

Cette fois, Nils pose son journal, dans ses yeux passe une lueur intéressée. Il allume négligemment une cigarette.

— J'avais pourtant prévenu Guy, cela fait des années que je

lui répète qu'il doit vendre… Mais vous le connaissez mieux que moi, vous savez qu'il n'écoute personne.

— J'ai décidé de reprendre l'affaire. De repartir à zéro. J'ai besoin de fonds pour moderniser la société…

— Alors, comme ça, c'est toi le nouveau maître d'œuvre ? Cela ne me surprend pas vraiment. Pierre n'est pas à la hauteur. Moi, mon père a toujours regretté que je ne suive pas sa voie… Il était cheminot, à Marseille, un type fier, intransigeant… Le pauvre homme, quand j'y pense ! Il ne croyait pas à ma réussite et regarde où j'en suis ! Il est mort avant d'avoir vu tout ça, dommage… Mais je n'ai pas de conseil à te donner, sauf que, pour tes carrières… je ne suis pas enthousiaste, c'est le tonneau des Danaïdes, plus on le remplit, plus il se vide…

— Parce que le rendement est trop faible. C'est avant tout une question de matériel.

— Mon petit Alex… je t'arrête tout de suite, si tu es venu m'emprunter de l'argent, je préfère te le dire, tu t'es trompé d'adresse.

Nils semble jouir du dépit que manifeste Alex, tire une bouffée sur sa cigarette et ajoute :

— Qu'est-ce que je peux bien faire pour t'aider ? Il n'y a pas trente-six solutions… Je ne suis pas banquier, en revanche, si tu veux m'associer à ton sauvetage, on peut discuter. J'adore les entreprises désespérées, les causes perdues. Je suis un peu comme ta sœur, en somme, dans l'humanitaire !… Je serais ravi de pouvoir quelque chose pour ce pauvre Guy…

L'affaire ne tarde pas à se conclure. Nils accepte d'apporter des fonds, sous certaines conditions : un nouvel ingénieur, un homme à lui, pour surveiller le rendement, les comptes, un contrat de participation… en échange de quoi, il assure le maximum de marchés et avance la caution de la libération de Guy.

Persuadé d'avoir œuvré pour le bien des carrières et de son père, Alex repart satisfait — sans se douter qu'il vient de pactiser avec un homme qui attendait depuis des lustres le moment favorable pour s'emparer à moindres frais d'une vieille affaire. La revanche est en marche. Alex pense avoir traité avec un loup, il ne sait pas que Nils est une hyène affamée de vengeance.

13.

Toute pimpante dans une longue robe fluide en lin beige, Béa entre dans le bureau du maire, le vieux Paziols.

— Vous vouliez me voir ?

Elle sait très bien ce qu'il va lui annoncer, il veut prendre sa retraite, ils en ont déjà parlé longuement tous les deux. Les élections sont dans très peu de temps, et le vieux maire ne veut passer le relais qu'à sa première collaboratrice, elle connaît le pays comme personne. Et puis elle est sûre d'être élue, dans ce petit village il n'y a jamais eu plus d'un candidat... Ensemble, ils évoquent l'avenir de la commune, les souvenirs, les anecdotes, Béa ne voit pas le temps passer. Il est déjà vingt et une heures, à la maison, tout le monde doit l'attendre. Au moins ne rentre-t-elle pas bredouille, Marco va être si fier d'elle, car sa décision est prise, elle se présentera pour le prochain mandat.

Sur le chemin du garage, l'air embaume les tamaris, dans les parterres, sur la place, quelques touffes de lavande parfument la nuit tombante ; Béa, heureuse d'être un des artisans du bonheur de vivre à Saint-Circe, marche d'un pas léger dans les ruelles pavées. Les projets se bousculent dans son esprit : du côté du port, il faudrait un parc à vélos, installer de grands bacs à fleurs à chaque carrefour…

Marco n'est pas dans l'atelier, l'heure tardive sans doute. La supérette est fermée à clé, mais Béa tient à aller chercher une bouteille de champagne pour fêter la nouvelle. Dans la lueur des blocs secours, elle fouille dans son sac, trouve la clé, entre. Arrivée au rayon des boissons, elle entend des bruits étranges… Béa saisit une bouteille, avance dans la pénombre, serre le goulot comme si elle tenait une massue. Personne. Pour en avoir le cœur net, elle appuie sur l'interrupteur, tout au fond du magasin. La lumière inonde le magasin, Béa pousse un cri. Un homme vient de se lever brusquement.

— Qu'est-ce que tu fais là, Marco ? Dans le noir ? Mais…

Il rajuste sa chemise… tente maladroitement de cacher quelqu'un derrière lui en murmurant quelques mots décousus et incompréhensibles. Et c'est la blonde Sylvie qui se lève à son tour, à demi nue. Elle est calme, on dirait presque qu'un sourire flotte sur ses lèvres.

Béa se fige, devient livide en un éclair. Personne ne parle. Elle a compris. Elle pose la bouteille de champagne sur le bord d'un rayon.

— Je… je vous laisse… vous la boirez à ma santé, dit-elle en montrant la bouteille.

Très pâle lui aussi, Marco la regarde sortir sans un geste.

Béa a réussi à garder sa contenance, un minimum de sang-froid. Elle est rentrée chez elle, a préparé le dîner de sa fille, l'a écoutée lui raconter sa journée. Mais, quand, par la fenêtre de la chambre d'Emma, elle voit de la lumière dans l'atelier, soudain elle n'y tient plus : elle ne pourra pas supporter de revoir Marco ce soir.

Dès qu'Emma s'endort, Béa s'enfuit au domaine, pour se jeter dans les bras de Marie, pleurer tout son soûl, loin de celui qu'elle aime. À l'abri dans le cocon familial, elle raconte tout, en sanglotant, revenant sans cesse sur le moindre détail. Marie, stupéfaite, lui donne un calmant.

— Tu avoueras... Quelle conne je suis, quand même ! Et c'est moi qui l'ai embauchée, cette salope... Quand je pense qu'elle me faisait pitié ! La pauvre petite Sylvie, abandonnée, si jeune... Je les ai vus dans le magasin, dans le noir, à moitié nus... Tu te rends compte ? Emma aurait pu les surprendre !

— Bien sûr, c'est dégueulasse... Mais calme-toi... Ce n'est peut-être qu'un coup de canif au contrat, rien qu'une histoire... de cul et rien d'autre.

— On peut dire que tu trouves les mots qui font du bien ! S'il est parti chercher du cul ailleurs, c'est qu'il n'a pas ce qu'il faut à la maison, c'est pire ! Il a trouvé de quoi se soulager avec cette petite garce et son air de sainte nitouche ! Elle a commencé par coucher avec Alex, et je passe sur la crise d'hystérie... et, quand il l'a plaquée, elle se jette sur qui ? Sur mon Marco, et l'autre andouille tombe dans le panneau ! Ah, il peut être fatigué, le salaud ! Il a de quoi !...

— Il paraît que les hommes sont mal armés pour résister à la tentation... c'est génétique.

— Je t'en fiche de la génétique ! Il est comme les autres, aussi faible, aussi bête ! Il ne m'aime plus, c'est clair comme le jour, sinon, il n'aurait pas couché avec cette pétasse !

— Mais non, ça n'a rien à voir... Tu confonds sentiments et attirance. Il a cédé par faiblesse. Tu vas laisser reposer tout ça, je vais te donner un cachet pour dormir et, demain, tu y verras plus clair. Vous en parlerez calmement.

— Jamais ! Je n'ai plus rien à dire à ce salaud ! Je vais le quitter ! Je n'ai pas envie d'entendre ses explications à la con... Je le vois d'ici, avec son air de martyr : « Ma chérie, je suis désolé... Je ne sais pas ce qui m'a pris... » Le feu au cul ! Voilà ce qu'il a. Je me suis trompé de mari, tout faux, ma petite Béa ! — elle essaie d'enlever son alliance, mais son annulaire, congestionné par la chaleur et la nervosité, est trop gonflé —, cette saloperie... j'arrive même pas à la retirer de mon doigt...

— C'est bon signe...

— Ah, je t'en prie... tu vas bientôt me dire qu'on s'aimera deux fois plus après ! Qu'un homme qui batifole ressoude son couple ! Et que cette nymphette me rend service en se tapant mon mari dans mon magasin !

— Je n'ai rien dit de tout ça...

Béa hausse les épaules, par dérision autant que par désespoir, et plonge la tête dans l'oreiller pour y pleurer. Le calmant commence à faire de l'effet, elle s'endort, à peu près paisiblement.

Le lendemain, à son réveil, Béa ne sait plus où elle est. Elle voit Marie endormie dans un fauteuil, à côté d'elle, et soudain, tout lui revient. Elle se lève sans bruit, et repart pour le magasin. Quand elle entre dans la cuisine, Marco est en train de laver sa tasse à café dans l'évier. Il a senti la présence de sa femme, se retourne, la regarde l'air contrit.

— Béa... Je sais que tu ne méritais pas ça. J'ai déconné. Je ne voulais pas te faire de mal...

— C'est fait. Mais... je ne veux pas que tout ce que nous avons fait ensemble... Emma... nous... Enfin, que tout soit balayé comme ça, bêtement. Ce serait trop moche. J'aurai besoin de temps pour me remettre, mais...

— Tu en auras... Je m'en vais.

Béa s'assied, sous le coup, sur une chaise près du frigo.

— Sylvie, ce n'est pas qu'un coup de tête... Je pars avec elle. Pour le garage, je pense que tu n'auras pas de mal à me remplacer...

Béa, incapable de parler, la tête entre les mains, le regarde un long moment, puis trouve la force de dire :

— Mais pourquoi... Mon Marco, pourquoi ? Tu ne m'aimes plus ? Je ne te fais plus envie ?

— Ce n'est pas ça... Tu fais partie de moi, tu es la mère d'Emma... Mais je n'y peux rien, j'aime Sylvie, avec elle je me sens plus fort.

— Parce qu'avec moi tu te sens faible ?

— Avec toi, c'est autre chose, je n'ai qu'à suivre. C'est balisé. Tu es trop... parfaite, en somme. Tu n'as besoin de personne...

— Mais je t'aime... et j'ai besoin de toi, Emma aussi !

— Je ne peux pas, c'est au-dessus de mes forces... Jusqu'à présent, je n'ai pas vécu la vie que je voulais... Je me suis laissé enfermer dans ce foutu garage... mais ce n'est pas ma vie, ma vie d'homme !

— Et tu comptes dire à ta fille : « Je pars pour mener ma vie d'homme » ? Parce que je te préviens, je ne ferai pas le sale boulot. Je vais la chercher. Et ne t'en va pas avant de lui avoir parlé. Parce que si tu le faisais tu serais vraiment le pire des salauds !

Marco tente de caresser la joue de sa femme qui s'écarte ; elle ne veut pas de compassion. Elle se lève, sort de la cuisine et claque la porte derrière elle.

14.

Ce samedi, Agnès est revenue pour la première fois au domaine. Assise sur la terrasse, elle contemple le paysage qui lui fait oublier l'exiguïté de sa chambre dans les dépendances des Lantosque.

Un bruit de sabots l'intrigue, elle se lève et s'avance à l'aplomb de la terrasse. Sabine s'approche, montée sur Lola, tenant un autre cheval par les rênes.

— Il paraît qu'après un accident, il faut remonter tout de suite. J'ai trop attendu mais, toute seule, je ne me sens pas encore très à l'aise, tu ne voudrais pas…

— Venir avec toi ? Mais bien sûr !

— Alors, tu me suis. Tu veilles sur moi. Et même tu m'engueules si je prends trop de risques.

— Comme une maman, en gros ? ose Agnès.

— Je te parie que tu ne me rattrapes pas.

Sabine, qui pense sans doute qu'un geste vaut bien des paroles, pousse vivement son cheval et part au galop à travers l'oliveraie, suivie par Agnès. Direction les carrières. Agnès, en peu de temps, rejoint sa fille.

— Tu n'as rien perdu, ma chérie... Tu vois, ça revient vite, mais tu as de qui tenir !

— Arrête avec ça, s'il te plaît ! Je ne veux pas me prendre la tête avec cette histoire... Je veux seulement que tu sois avec moi. Toujours. Mais avant que je t'appelle « maman », tu peux t'accrocher !...

— D'accord... je m'accroche !

De fortes détonations résonnent dans la vallée, en provenance des carrières. Agnès s'étonne, ils n'étaient pas censés travailler ce week-end.

— Je vais aller voir de plus près ce qui se passe...

— Je t'attends ici alors, parce que ça me casse les oreilles, ce bruit.

Tout en flattant son cheval affolé par l'écho des explosions, Agnès se dirige vers le sentier qui descend aux carrières. Alors qu'elle aborde le dernier virage, un homme se met en travers du chemin.

— Qu'est-ce que vous venez foutre ici ?

Il n'est pas très aimable, mais il est terriblement séduisant, la quarantaine heureuse, tempes grisonnantes, stature virile, regard d'un bleu soutenu, ses paroles véhiculent les restes d'un accent méridional.

— Vous êtes du pays ? Je peux vous aider ?

— Non merci, je m'en sors très bien toute seule...

Un ouvrier approche, un détonateur à la main.

— C'est un vieux truc, monsieur Paoli, une vraie camelote... Pas étonnant qu'on ait des problèmes.

Paoli... Ce nom-là ne dit rien à Agnès. Mais elle ne tarde pas à comprendre qu'elle est en présence du nouvel ingénieur dont lui a vaguement parlé Alex.

— Melvil Paoli, pour vous servir... Excusez-moi de ne pas m'être présenté plus tôt. Je présume que vous êtes Agnès Valbonne... On m'a dit que vous étiez jolie, on m'a menti, vous êtes très jolie...

Le compliment arrache un sourire à Agnès.

— C'est Alex qui vous a engagé ?

— Pas directement. Je ne l'ai même pas encore rencontré. Je débute à peine, pas dans le métier, ici, aux carrières... Très flatté de commencer par vous...

Agnès lui sourit de nouveau, fait un signe de la main. L'ingénieur la regarde galoper vers les bureaux, encore sous le choc de cette rencontre. Il vient de se faire gifler par son passé... Ces cheveux blonds en bataille, ces yeux clairs, la ligne pure de son cou... c'est elle. Les souvenirs se font précis. Un soir d'été, il y a si longtemps, plus de quinze ans. Une nuit noire, seulement éclairée par quelques lampions d'un bal populaire... Une invitation à danser, une parmi d'autres et, soudain, ce signe, cette manière de prendre la main, comme pour toujours... Fruit du hasard ou providence ? Quoi qu'il en soit, il est certain que sa vie vient de prendre un nouveau tour : il a reconnu en Agnès la femme qu'il a passionnément aimée, cette nuit-là... Elle était fraîche comme un matin d'avril, d'une beauté encore juvénile et pourtant déjà très féminine. Il a suffi qu'il la revoie, l'espace d'un instant, pour que cette nuit entière lui remplisse de nouveau l'esprit... Elle ne l'a pas reconnu, l'âge n'a pas que des privilèges ! À l'époque, tout le monde le surnommait « Meli », mais elle n'a pas fait le rapprochement. Il venait de faire un mauvais coup, pour le compte de son cousin Nils, un casse dans une villa de la côte, la police était à ses trousses, il ne pouvait que s'enfuir. Nils proposa l'Argentine, où il avait des appuis, Melvil partit le lendemain de cette nuit d'amour.

À peine a-t-elle franchi le seuil du bureau, qu'Agnès entend Alex discuter âprement un contrat. Il est au téléphone, de dos, il parle fort, il a besoin d'un nouveau camion, les chiffres se suivent, des sommes importantes. Il raccroche et se retourne, tout sourire.

— Agnès, viens... Je vais enfin pouvoir te payer décemment ! J'ai un nouvel associé. On redémarre sur les chapeaux de roues...

— Et qui finance ce miracle ?

— Jacques Nils... Tu le connais ?

— De réputation. Quand on parle de lui à la maison, c'est comme d'un filou de première, un margoulin ! Ne me dis pas que tu t'es associé avec cet escroc...

— Arrête de jouer les rabat-joie, viens plutôt voir comment une carrière renaît de ses sables ! Pour relancer les affaires, je n'avais qu'une seule option, trouver de nouveaux marchés et, pour les obtenir, j'ai dû passer par Nils. C'est lui qui contrôle toute la région. À voir ta tête, je devine que tu te méfies... Pour Melvil, rien de plus banal, Nils me l'envoie pour qu'il supervise — pas pour qu'il dirige, nuance. Je reste le patron...

Sabine, s'étonnant de ne pas voir revenir sa mère, descend à son tour le sentier escarpé, et attache sa jument devant les bureaux. Ils sont vides. Mais Agnès a suivi Alex, fier de lui montrer une partie des nouvelles installations ; le regard de Sabine s'arrête sur une photo d'elle, posée sur le bureau... puis sur un accordéon tout de nacre et de laiton doré. Irrésistiblement attirée par l'instrument, elle le prend entre ses mains, le soulève, et commence à en jouer. Les sons, d'abord dissonants, commencent peu à peu à s'harmoniser.

— Pas mal pour une débutante… lance Melvil qui vient d'entrer. Mais, si tu permets, je vais te montrer. Tout est dans le poignet… Regarde.

Collé derrière la jeune fille, il lui tient les mains et indique comment moduler en jouant sur les soufflets. C'est ainsi que les trouve Agnès quand elle revient, seule, de sa visite.

— Qu'est-ce que vous faites ?

— Tu vois bien, j'apprends l'accordéon !

— J'ai l'impression qu'elle a un don, renchérit Melvil. Ça serait vraiment dommage de passer à côté. Si tu veux, je te le prête.

— Je te rappelle, dit Agnès énervée, qu'il y a un piano au domaine et que tu n'y touches jamais ! Rentrons, il faut ramener les chevaux.

Agenouillé au-dessus des survivantes de l'herbe de Circé, Franck les examine tristement. L'agronome a suivi les conseils de Marie, il a fait des recherches sur le climat, a arrosé les plants tous les quinze jours, ce qui correspond aux précipitations de l'époque où la plante fleurissait. Mais l'extrémité des feuilles jaunit, les plants piquent du nez.

— Ne t'inquiète pas comme ça, lui lance gaiement Marie en venant s'asseoir à côté de lui. Je suis sûre que ça va marcher. Peut-être qu'on devrait diminuer l'eau…

Mais Franck est catégorique, ce n'est pas un excès d'eau, c'est la poussière qui les étouffe. Les carrières débordent d'activité depuis trois jours et, d'explosion en explosion, toute la région est couverte d'une fine couche poussiéreuse…

— Eh bien, je vais aller dire deux mots à Alex, dit Marie en sautant sur ses pieds. Ça fait longtemps qu'on s'est pas engueulés, comme dirait Béa, ça doit me manquer !

Mais c'est Melvil qu'elle trouve devant la bergerie, en train de jouer de l'accordéon dans un hamac. À ses côtés, affalée sur un pouf aux motifs sud-américains, Sabine !

— Euh, Marie, je te présente Melvil, il s'est installé ici pour l'instant, et il m'apprend à jouer. C'est un bon prof, tu sais !

— Ne te justifie pas comme ça… Alors, comme ça, Alex est parti ? Ce n'était plus de son standing, cette baraque ?

— Moi, je la trouve adorable, cette maisonnette, confortable, romantique, répond Melvil.

Marie hausse les épaules en s'éloignant, Sabine rit.

— Alex et elle… ils sont toujours comme chien et chat… Normal, c'est son ex… Enfin, hier c'était son ex, parce qu'avec eux, ça change tous les jours. Même si, aujourd'hui, elle en aime un autre.

— Oh la la, c'est compliqué, dit Melvil, et pourquoi tu me dis tout ça, ma petite Sabine ? Tu as peur que je me mette sur les rangs ? Tu ne serais pas un peu jalouse ?

— T'es dingue ! Et jalouse de quoi, de qui ? T'es beaucoup trop vieux pour moi, t'as vu mon âge !

— Je ne pense qu'à ça, renchérit Melvil, mais bon, trêve de plaisanterie… Place tes doigts comme je te l'ai dit et joue le morceau de Gardel, lentement.

Sabine retrouve son sourire, se pelotonne comme une chatte sur son pouf et se remet à son accordéon avec infiniment d'application.

La porte de la maison des Lantosque n'est pas fermée. Marie n'hésite qu'un instant avant d'entrer, et se dirige droit vers les éclats de voix. Alex est en pleine négociation avec un entrepreneur. Le ton monte, un rabais supplémentaire nuirait à la marge bénéficiaire, Alex tend, péremptoirement, un stylo à son client et lui intime l'ordre de signer. Marie ressort aussi discrètement qu'elle est entrée et attend dehors le départ du client, qui ne tarde pas. En revenant, elle voit Alex s'asseoir derrière un bureau flambant neuf, il règle la hauteur de son fauteuil, allume une cigarette et souffle la fumée avec satisfaction. Il se lève pour aller se coiffer dans l'immense miroir doré placé au-dessus de la cheminée, il aperçoit le reflet de Marie. À la fois inquiet de sa présence, troublé de la voir en ces lieux, en colère aussi, il ne sait que dire.

— Il y a du changement, on dirait ! Les affaires reprennent, lance ironiquement Marie. Je suis venue te dire que tu pollues toute la vallée et que tu fais crever les plantes du domaine avec les tonnes de poussière que tu balances !

— Je suis désolé, sincèrement… En ce moment, on attaque la roche à l'explosif. Dans dix jours, tout ira mieux.

— Et l'autre nouveauté, c'est que tu traites avec Nils ! Béa me l'a dit, ce n'est pas pour rien qu'elle travaille à la mairie…

— Il m'a donné les moyens de réaliser mes ambitions… Parce que j'ai de l'ambition, même si ça t'étonne ! Un réveil tardif, oui, mais j'ai décidé de devenir un homme fréquentable et de gagner beaucoup d'argent, d'avoir une belle maison, de voyager. Malheureusement, ce n'est pas toi qui en profiteras.

— Oh, je t'en prie ! Le cynisme te va aussi bien que ce costard sur mesure ! Je ne sais pas qui tu voyais dans le miroir, à l'instant, mais moi, je vois un imposteur !

— Vraiment, c'est le monde à l'envers ! Tu t'es inventé toutes les raisons du monde pour me larguer : mon père, Sylvie, tout était bon… Et maintenant, tu viens me dire que je devrais rester le sauvage que tu as toujours aimé. Ou que tu as aimé, il y a un bon moment ! Ce n'est pas pour toi que je fais tout ça, Marie, tu n'y comprends rien ! Tu l'as trouvé, ton parvenu, ton plongeur de grands fonds, ton bellâtre, il avait déjà villa, hors-bord, ne lui manquait qu'une créature ! Je n'ai pas l'intention de rivaliser avec lui, je me bats pour moi et pour mon père. Permets-moi de te dire que, dans les bras de monsieur Pascal Bobbio, la simulatrice, c'est toi !

— Tu n'es qu'un pauvre type ! Et complètement à côté de la plaque !

— Laisse-moi vivre ma vie ! C'est la dernière chose que je te demande ! Vis ta vie et sors de la mienne !

— Tu ne m'empêcheras pas de te dire ce que je pense de tout ce cirque !

— Et si tu t'étais trompée ?... Toi qui m'as traité d'instable, d'immature, de paumé et je ne sais quoi encore... Si tu ne savais pas vraiment quel homme je suis ? De toute façon, je n'ai pas le temps, il faut que j'aille chercher mon père, il sort de prison, grâce à moi, grâce au sale argent que j'ai, quand même, réussi à trouver.

— Tu as raison, je me suis trompée, oui, et sur toute la ligne !

Marie claque violemment la porte, Alex écrase avec colère sa cigarette, attend quelques instants et file à la prison. Assis sur l'unique chaise du greffe, Guy attend, bougonne parce que son fils est en retard. Alex, très ému, l'étreint, mais son père se contente de lui tendre une joue sans lui rendre son baiser... D'un sac en plastique, il sort une montre qu'il attache à son poignet, sans un mot. Alex ne pense qu'à fêter la sortie, mais Guy, en voyant la voiture flambant neuve :

— Tu as gagné au loto ou quoi ?

— Non, maintenant, je braque des banques... comme toi, tu sais, tel père tel fils !

— Toujours aussi con... Ne restons pas dans le coin, ça me déprime. Allons aux carrières.

Dès qu'ils arrivent, Guy remarque l'ampleur des changements

et demande d'une voix blanche d'où sort tout cet argent. Quand il apprend que Nils a tout payé, y compris sa caution, il explose. Comment Alex a-t-il pu les vendre à un requin de la pire espèce ?

— C'est le seul qui pouvait nous aider… de toute façon, il n'est qu'actionnaire minoritaire, les contrats sont béton, et puis… n'as-tu pas, toi aussi, fait des affaires avec lui, pendant vingt ans ?

— Et ça m'a conduit en taule ! Imbécile ! Tu veux y aller aussi, au trou ? Tu ne pouvais pas attendre que je sorte ? Au moins me demander mon avis ? Tu crois qu'on s'improvise chef d'entreprise du jour au lendemain ? Tu n'as jamais été foutu de t'occuper que de tes loups et, dès que j'ai le dos tourné, tu te prends pour le patron et tu me tires dans le dos !

Alex, gêné, voudrait arrondir les angles, il débouche la bouteille de champagne qu'il a mise au frais en prévision de cet instant, pose deux flûtes sur un guéridon.

— Ce n'est pas le moment de boire. Des contrats béton, tu parles ! Qui les a rédigés ?

— Moi, Agnès et un avocat.

— Si c'est le baveux de Nils, on est foutus !

Alex ne répond pas, verse le champagne dans les verres.

— Papa… tu étais derrière les barreaux, Pierre est en cavale, la carrière en faillite. Maintenant, tu es dehors, libre, les affaires reprennent. Tu ne pourrais pas te réjouir, pour une fois ?

— Pierre est en cavale ? Qu'est-ce qu'il a encore fait ? Il a trafiqué de la fausse monnaie ?

— Non. Il a mis le feu à l'oliveraie Valbonne. Un coup de sang… un soir. Ne me demande pas pourquoi, il ne le sait sans doute pas lui-même.

— À cause de Marie ! L'imbécile ! Il s'est mis dans la tête qu'elle m'avait balancé aux flics. C'est pourtant pas la peine d'aller chercher bien loin pour savoir qui l'a fait... C'est Nils, cette ordure. Tu comprends pourquoi ça me rend malade! Tu es allé te jeter dans la gueule du loup...

Alex a blêmi.

— Tu es sûr de ça?

— Certain. Il est venu me narguer, en prison. Mais surtout ne t'énerve pas. Ne fais rien! Je ne veux pas qu'il s'en prenne à toi... maintenant qu'il te tient, avec son pognon. Je réglerai ça moi-même... à ma manière.

Fou de rage contre lui-même, Alex saisit une coupe de champagne et la fracasse contre le mur. Puis il quitte la pièce pour aller passer sa colère ailleurs. Guy reste un instant immobile, comme absorbé dans ses pensées, il hésite, se lève, titube et tombe à terre. Il se prend la tête entre les mains, tremble de douleur... du sang coule d'une de ses narines.

— Alex... appelle-t-il faiblement. Alex!

Il tente de se relever, chancelle, s'affale sur la table en éparpillant les contrats dans la pièce. Alex n'était pas loin, il revient en courant, trouve son père à demi inconscient, du sang sur le visage. Il bondit vers le téléphone. Cinq minutes après, Marie entre dans la pièce, sa trousse à la main.

— Le pouls est faible mais régulier... Je ne peux rien faire, il faut attendre l'ambulance.

— Nous nous sommes disputés... il s'est énervé, je suis parti, il a crié.

— Tu n'y es pour rien. Nous en saurons plus long après les examens. À Menton, ils ont tout ce qu'il faut.

Les résultats sont accablants. Marie les analyse en compagnie du neurochirurgien qui s'étonne :

— C'est impensable qu'il n'ait pas eu de symptômes avant ! La tumeur a envahi la totalité du globe temporal gauche.

— C'est un dur, soupire Marie, il a résisté.

— Oui, mais maintenant, je ne vois pas comment nous pourrions opérer sans faire des dégâts. Même s'il tient le coup, il aura des séquelles irréversibles. S'il est droitier, ce sera aphasie, agnosie... dans le meilleur des cas.

— Et si on n'opère pas, il n'en a pas pour plus d'un mois... deux maximum. Avec des crises de plus en plus fréquentes et douloureuses. L'issue sera la même, non ?

Le regard du neurochirurgien est éloquent.

— Je vais lui parler.

Très faible, Guy la regarde, elle a l'air sombre, accablée.

— Marie... Si on t'envoie, c'est que les nouvelles ne sont pas bonnes. Leur boucher va me charcuter, c'est ça ?

— Il faut opérer, Guy... Pas d'autre solution. Vous avez une tumeur, il faut pratiquer une ablation.

Guy refuse net, ne veut ni qu'on le touche ni être transformé en légume. Et, malgré les paroles d'optimisme mesuré de Marie, il ne la croit pas, demande seulement combien de temps il lui reste à vivre.

— Pas longtemps, répond Marie.

— Ah... promets-moi une chose. Alex ne doit pas savoir. Tu es médecin, j'ai confiance. Je sais que tu ne trahiras pas le secret médical... Mais cette chose, elle a fait son nid depuis longtemps ?

— Oui. C'est moche. Là où elle est placée, il est possible qu'elle ait provoqué des troubles du comportement...

— Tu es si gentille !... Tu veux m'absoudre de mon sale caractère... mais ce tempérament de cochon, je le traîne depuis ma naissance... Alex aussi en a hérité. C'est un brave gars au fond, il fait tout ce qu'il peut pour nous en sortir. Tu l'aimes toujours ?

— Aujourd'hui, ce qui compte pour Alex, c'est de savoir que vous, vous l'aimez. Il en a besoin. Tout repose sur lui maintenant.

— Tu sais, Marie… J'ai beaucoup réfléchi en prison. Ta mère et moi, nous nous sommes ratés… La vie, la fierté, l'orgueil… Les Lantosque sont difficiles à aimer, je crois. Laisse une chance à Alex, même petite ; ne condamne pas toutes les portes de sortie. Alex, il va mieux que Pierre et moi réunis, c'est un cas, un numéro, oui, mais c'est un type bien, droit, honnête…

Guy ferme les yeux de fatigue, tend sa main à Marie qui la serre avec affection. Comme il porte une blouse d'hôpital à manches courtes, Marie regarde un instant le tatouage, la fleur, puis embrasse Guy sur le front. Il ouvre péniblement les paupières.

— S'il te plaît, Marie… Ne me laisse pas là. C'est encore une prison… je ne supporterai pas. Emmène-moi chez moi.

— Accordé. Vous ne pouvez rester loin des vôtres, loin du domaine, je comprends. Je pourrai venir vous voir plus facilement, tous les jours. Je m'occupe de tout. Reposez-vous en attendant.

Parole tenue. Quelques jours plus tard, Guy a retrouvé le domaine, il doit garder la chambre, impérativement. Marie lui rend visite chaque matin, impuissante devant l'avancée du mal qui ronge le cerveau du vieux Lantosque.

Elle insiste auprès d'Alex : son père a besoin de lui. Peut-être que cet accident est un signe pour se rapprocher, se comprendre, faire repartir de plus belle les carrières…

— Même si c'est risqué, avec Nils. Il n'a sans doute en tête que de bétonner la côte, de nous mettre tous sur la paille !

— Je sais. Ce n'est pas ton choix et je le regrette. J'aurais aussi aimé le faire pour toi. Avec toi.

Marie le regarde, des larmes dans les yeux. Il s'approche, l'embrasse sur la joue, comme pour la remercier de tout ce qu'elle fait.

— Pourquoi est-il si difficile de s'aimer, Marie ?

Ils se serrent l'un contre l'autre, complices, plus amicaux qu'amoureux ; sans rien laisser voir de l'intensité de leurs sentiments. Marie se retire doucement, sourit, serre les mains d'Alex dans les siennes, promet qu'elle repassera demain…

15.

Le clan Valbonne prépare l'anniversaire de Marie ; ce samedi matin, Levo est venu la chercher dans sa chambre.

— Viens vite, on livre une chose énorme !

Sur le perron, Carla et Franck regardent les manutentionnaires décharger une grande serre prémontée. Une enveloppe est attachée au montant d'une porte en verre. Carla la donne à sa fille, impatiente de savoir ce qu'elle contient : « Pour la fleur de Circé… Bon anniversaire. Alex. »

Aux carrières, Agnès est en train de taper le planning sous la dictée d'Alex, heureux de pouvoir honorer les carnets de commandes pleins ; les délais seront respectés, juste à temps.

Sabine est là elle aussi, faisant des va-et-vient en scooter entre les carrières et le domaine, où elle organise une surprise pour Marie, avec quelques amies. Elles ont formé un groupe afin de donner un concert en son honneur, ce soir. L'adolescente n'est jamais venue aussi souvent aux carrières, et Agnès se rend bien compte qu'elle est attirée par Melvil. La différence d'âge lui importe peu, elle compte mesurer son degré de séduction. Un jeu sans règles établies se déroule entre eux trois… Agnès n'est pas dupe et a déjà dit à Melvil que sa « petite sœur » avait un faible pour lui, qu'il serait préférable de ne pas la faire souffrir davantage.

Alors qu'elle termine de classer les bons de livraison, Melvil s'approche d'elle.

— Dis donc… tu es drôlement sexy dans cette petite robe à fleurs… C'est fou ce que j'aime te voir travailler !

— Garde ton baratin pour d'autres, tu vois bien que tu me déranges. Mais j'ai presque fini, attends-moi pour partir au domaine.

Pendant que Sabine et ses amies répètent une dernière fois dans une dépendance éloignée du domaine, Pascal arrive, cachant dans son dos un grand bouquet de roses rouges.

— Je t'avais pourtant bien dit pas de cadeau… Bon, enfin… donne.

— Elles ne sont pas pour tes vingt-huit ans, mais parce qu'il y a vingt-huit jours que nous sommes ensemble.

— Si tu continues sur ta lancée, ta délicatesse te perdra ! Imagine que nous restions ensemble des années ! Tu seras ruiné !… Et après un instant et un baiser elle ajoute : Je préfère te prévenir, l'ambiance n'est pas au beau fixe. Béa nous fait une déprime de première… Marco est parti avec Sylvie, il n'a même pas eu le courage de parler à Emma. Je compte sur toi pour la dérider…

Pascal acquiesce en souriant. Au salon, Béa, prostrée dans un fauteuil, regarde le feu dans la cheminée, l'air absente. Levo s'est blotti sur ses genoux. Pascal entre et va l'embrasser.

— Comment vas-tu ?

Aussitôt, elle fond en larmes.

— Même à la mort de papa, je n'avais pas ressenti ça… Je me sens comme derrière une vitre… en dehors de tout. Je suis vide, complètement vide…

Tendrement, Marie s'agenouille à côté d'elle.

— Tu passes un sale moment, petite sœur. Mets-toi un peu en roue libre. Et surtout, arrête de t'en vouloir d'aller mal, c'est normal. Ça fait parfois du bien de se laisser aller, pleure… tu décharges une part de ton angoisse et de ta peine… Tu en verras le bout, je te le promets.

— Bon, si on buvait quelque chose ?

Carla vient de descendre de sa chambre, suivie par Franck, elle comprend tout de suite ce qui se passe, le désespoir de sa fille lui fait mal. Que faire ? Elle se sert un verre puis s'assied près de Béa et se met à réciter quelques vers de Mistral en provençal :

La vido es qu'un passage :
Vau mai, tau que lou sage,
La prene coume vèn
Que de charpa lou vent
Per tu se piéi la vido
Perèis trop anouïdo,
Esbrihaudo tis isue
Is astre de la niue.

Et traduit aussitôt : *La vie n'est qu'un passage : mieux vaut, tel le sage, la prendre comme elle vient, que d'insulter le vent. Puis, si la vie te paraît trop chétive, éblouis-toi les yeux aux astres de la nuit.*

— C'est pour toi, Béa, ma chérie… je sais ces vers depuis toujours, il passe en eux la confiance que laisse notre beau pays. Ne perds pas courage, jamais ! La vie te presse, t'écrase, fais comme les olives, laisse-toi un moment broyer par la meule, une huile souple et parfumée naîtra de toi, ma chérie, une onction de bonheur suivra ta peine... Je vais te chanter le chant des guérisseuses. C'est un peu triste mais surtout plein d'amour...

Levo écoute religieusement Carla entonner les premières mesures de sa chanson, impressionné par la beauté sobre de la mélodie. Tout au fond de la pièce, Franck ne la quitte pas des yeux. Il pense aux différends qui le séparent de Carla. Pourquoi ne dit-elle rien ? Elle lui avait promis de parler aujourd'hui. Il n'en peut plus de se cacher toujours, de surveiller si une des filles ne serait pas dans le coin, avant d'assouvir son envie de l'embrasser.

Carla achève sa chanson, son auditoire l'applaudit, unanimement, Sabine fait entrer illico son petit groupe, rassemble les invités autour du buffet. Agnès et Melvil sont en retard... Sabine brûle de commencer, et décline un « joyeux anniversaire » sur différents rythmes, tous reprennent en chœur, même Béa qui commence à se dérider. Melvil arrive sur les dernières mesures, avec Agnès, et Béa de lancer à sa mère :

— Regarde, il n'est pas mal du tout son nouveau jules !

— C'est pas son mec ! réplique Sabine, agacée.

Carla demande un instant de silence, se racle la gorge, avance un pas hésitant et prend la parole.

— Je... profite que vous soyez tous là pour... — elle regarde Franck comme pour lui demander de l'aide — enfin, je voulais vous dire que... Franck et moi...

Il s'approche doucement de Carla, lui prend la main et ajoute :

— Je peux faire plus court... et moins bafouillant. J'aime Carla, elle m'aime. Voilà.

La stupeur est générale, tous fixent le couple, qui, mal à l'aise, danse d'un pied sur l'autre. Sabine rompt soudain la glace :

— Eh bien quoi ! vous attendez qu'on s'évanouisse ? Vous vous aimez, bon, il n'y a pas de quoi en faire un fromage. Arrêtez de les regarder comme s'ils avaient un œil au milieu du front ! — Elle lève son verre. — À la tienne, maman, et... comment dire... « beau-papa » ? Non, c'est idiot ! Franck, tout court, ça passe mieux !

Marie va embrasser sa mère.

— Alors là, maman, si je m'attendais à ça...

— Moi non plus... je suis la première surprise !

Au moment où elle se relève, Marie aperçoit Pascal qui lui fait des signes, dans l'embrasure de la porte d'entrée. Elle court vers lui, ils rejoignent la terrasse, se mettent à l'abri des regards.

— Ferme les yeux.

Un contact frais, doux, sur son cou. Un collier de perles.

— Mais tu es incroyable... et c'est toi qui les as pêchées ?

— Je pêche beaucoup depuis que je te connais, du matin au soir... et j'adore ça ! Mais là, non, je n'aurais pas eu le temps. Allez, viens, rentrons, les autres vont te chercher.

Debout sur un petit tabouret de bois, Sabine réclame l'attention, désignant son accordéon.

— Maintenant... je voudrais chanter seule pour quelqu'un qui m'a beaucoup aidée — elle lance un regard à Melvil, qui détourne les yeux —, c'est quelqu'un que j'adore et voilà...

Sabine exécute le morceau, un tango lent, triste et mélancolique, petite musique d'outre-Atlantique, charmeuse et obsédante...

Quand Melvil arrive chez lui, la nuit est déjà tombée. Il a la surprise de trouver Agnès, confortablement installée dans le hamac devant la maisonnette.

— J'avais envie de prolonger la nuit. Et puis, j'ai comme l'impression de te connaître déjà...

— Tu inverses les rôles, c'est ce qu'on dit pour draguer les filles, d'habitude.

— Je n'ai rien d'une séductrice ! À côté de mes sœurs, je suis même le vilain petit canard... Elles ont vécu de grandes histoires, elles...

— À t'entendre, on dirait que tu es passée loin de la vie. Que tu attends toujours le prince charmant !

— Non. Je l'ai déjà rencontré... J'avais quinze ans. Pour moi, c'était la première fois, ma première nuit d'amour... et la dernière aussi. Je ne l'ai pas revu. Il s'est évaporé dans la nature. Plus une nouvelle, pas un mot, rien. Ensuite, j'ai eu des aventures, mais lui, je ne l'ai jamais vraiment oublié.

— Et si... par hasard, tu le rencontrais, si tu le croisais ?

— Il ne me regarderait même pas, me trouverait vieille et moche, et comment savoir si je ne découvrirais pas un imbécile ou un salaud ? Je n'y tiens pas du tout ! J'aurais peur de briser un rêve. La déception me tuerait.

Tout en parlant, Agnès commence à effleurer puis à caresser le bras de Melvil, assis juste à côté d'elle. Il ne sait à quoi s'en tenir exactement, l'a-t-elle reconnu, n'est-ce qu'une attraction passagère ou le besoin de toucher en même temps qu'elle se confie ? Très troublé, il retient son souffle ; la main d'Agnès presse un peu plus l'étreinte, elle attire Melvil à elle, pour l'embrasser. Il se laisse faire et lui rend son baiser. Il s'arrête soudain, gêné ; elle le dévisage, peinée, son regard pose des questions sans réponse alors qu'elle essaie de trouver dans le hamac une position moins instable.

— Excuse-moi, je suis un peu mal à l'aise. Je dois repartir, bientôt. Pour maintes raisons.

— Oh, tu pars... C'est dommage, j'ai cru que tu serais, peut-être, celui qui me ferait oublier cette nuit...

Elle ne l'a pas reconnu. Il l'embrasse de nouveau, souhaitant que son baiser lui fasse deviner que cet homme près d'elle, si tendre et si doux, n'est autre que celui qu'elle a tant aimé.

Agnès repart l'âme déchirée ; le silence de la nuit est seulement brisé par le chant de quelques cigales qui profitent des dernières touffeurs. Un bonheur arrive peut-être seul... Sabine s'est lentement rapprochée de sa mère, la confiance revient en même temps que la simplicité. Agnès ne veut pas rentrer tout de suite, elle marche longtemps, comme si elle voulait que sa douleur se dissolve dans le frissonnement des oliviers.

Marie n'a pu attendre l'après-midi, à peine fait-elle irruption dans la cuisine, où Pascal prépare leur petit-déjeuner, qu'elle demande à partir en mer.

— J'avais prévu ton impatience, alors j'ai envoyé Michel avec le sonar, tôt ce matin, là où tu es allée avec ton père. Il a remarqué quelque chose. Tu vois, là... il y a un objet, ce n'est pas très grand. Mais de là à te dire ce que c'est ! Une carcasse de mobylette ou un vieux moteur... C'est pile à l'endroit indiqué sur le carnet de François.

À leur arrivée sur les lieux, Marie regarde la mer, les yeux brillants d'excitation. Elle suit Pascal, sans appréhension. Au bout de quelques minutes, ils réussissent à discerner deux formes difficilement identifiables à cause de la masse d'algues et de coquillages collés dessus. Le couple tourne autour de sa trouvaille, parmi les herbes marines qui ondulent à leur passage. En les écartant, le mystère s'éclaircit : deux statues en bronze attendaient qu'on vienne les contempler, un homme, un guerrier, une femme couchée sur le fond. Mars et Vénus ? La statue féminine intrigue Marie, qui l'éclaire avec sa torche. En grattant la base, elle découvre, à peine altérée, une étoile gravée, la même que celle dessinée par la main de son père. Le symbole déclenche une nouvelle remontée de souvenirs enfouis par le traumatisme d'avoir dû laisser François mourir dans les grands fonds... La vérité, une fois encore, remonte à la surface... de la conscience. Elle se revoit, en compagnie de son père, au même endroit, il y a huit ans. Les deux statues sont dressées, François trouve l'étoile et la montre à Marie. Mais, tout à coup, sous l'effet d'un glissement de boue, le bronze bouge sans que François s'en rende compte. Le temps que Marie puisse l'avertir, la masse a déjà écrasé son père, ses jambes bloquées par la statue, une bouteille d'oxygène endommagée... Marie tente de soulever le bronze, sans y parvenir, elle s'affole, François peine à respirer. Tous les détails refoulés au plus profond de l'inconscient, sous le coup d'une amnésie causée par la culpabilité, reprennent leur place. François ordonne à Marie de remonter, il ne veut pas qu'elle l'accompagne dans la mort, elle lutte désespérément pour ne pas le laisser, il arrache son détendeur pour qu'elle puisse respirer puis la pousse violemment pour la convaincre de partir ; dans son geste, il arrache involontairement le médaillon qu'il porte autour du cou... le bijou tombe lentement dans l'eau boueuse et vient s'accrocher au doigt de la statue de femme. Marie panique au point de perdre tout repère, la peur, le sentiment de la faute, le sacrifice de son père lui brouillent l'esprit, elle remonte trop précipitamment, sans respecter les paliers de décompression... Elle émerge à demi consciente. Par un incroyable concours de circonstances, le canot de Guy est dans les parages, il voit la scène, se précipite pour sortir Marie de l'eau et la hisser à bord du bateau.

Quant au médaillon… Marie ne pense même pas à le retrouver, les courants, les paquets d'algues… Elle ne devine pas un instant ce qu'il a pu devenir. Car il n'est pas perdu et, presque au moment où Pascal et Marie découvrent le trésor de François, et les causes de sa mort, Guy, qui ne parvient pas à garder la chambre, frappe à la porte de l'herboristerie de Carla. Il sent que sa fin est proche et veut, avant de partir, revoir une dernière fois son amour malheureux.

— Carla, je suis venu te rendre quelque chose. Si je le fais aujourd'hui, c'est parce que je suis foutu, perdu. Une tumeur au cerveau… grosse comme un melon… Non, laisse-moi parler, c'est important, et je n'ai pas de temps à perdre. Je voulais te restituer ce médaillon, il te revient… Je l'ai trouvé le jour où François… Quand Marie a émergé, je l'ai sortie de l'eau et puis j'ai plongé, je voulais sortir François.

Guy a cherché en vain, le fond était totalement obscur, des coulées de boue avaient tout recouvert. François, englouti, était invisible. Il n'a trouvé, pendu au doigt d'une des statues, que le médaillon qu'il a remonté et gardé.

— Je t'en prie, ne pleure pas. Si tu savais le bien que ça me fait de te dire tout ça, que je t'aime, que je ne t'ai jamais oubliée pendant toutes ces années… Je t'ai gardée contre mon cœur mais je vais mourir, mon heure arrive, très vite, je le sens… Seulement, et c'est la dernière chose que je te demande, j'ai peur de souffrir quand la dernière crise sera là… je voudrais m'en aller paisiblement, j'ai besoin que tu m'aides, si seulement tu pouvais me donner quelque chose qui…

— Qui te permette de traverser le passage en paix… Je comprends, Guy.

Tout en haut d'étagères de bocaux étiquetés, Carla attrape un vieux pot en grès, en sort un sachet de poudre qu'elle donne à Guy. Il le glisse dans sa poche.

— L'effet anesthésiant est presque immédiat, tu ne sentiras rien, si ce n'est une grande douceur…

— Comme dans tes bras… il y a si longtemps.

— Quand je pense que tu as sauvé ma fille et que tu n'as rien dit !

— À quoi bon ? Après la mort de François, tu n'avais plus la force de m'aimer… Non, ce qui me rend heureux, c'est de penser que j'ai sauvé ta fille pour qu'Alex et elle puissent s'aimer à notre place… Mais je ne sais pas s'ils y arriveront mieux que nous… Il me ressemble trop. Il ne se doute de rien… ou fait semblant. Je lui ai dit pourtant de ne pas faire les mêmes bêtises que moi, d'aimer Marie, sans tarder. Faute de quoi, il se retrouverait seul comme un pauvre crétin, comprenant trop tard qu'il était passé à côté de la vie. La vie, c'est aimer une femme, de toute son âme… Si j'avais su à quel point tout est là ! Tu vas croire que je te donne mes dernières volontés, c'est à peu près ça… Je ne veux pas mourir sans avoir remis les pendules à l'heure. C'est pourquoi je suis allé à la rencontre de Pierre. Je savais qu'il était planqué en Italie, dans une petite chapelle à la frontière. Il m'a trouvé pâlot… je n'ai pas relevé. Je voulais absolument qu'il arrête de s'en prendre à vous, aux filles Valbonne, qu'il arrête de s'engueuler avec son frère. Je l'ai calmé, en douceur. Il m'écoutait, mon petit, et, tout d'un coup, je me suis senti mal, je pissais le sang, ça me coulait du nez, avec une douleur atroce dans le crâne. Il a eu peur, lui aussi… Je me demande s'il tiendra parole, c'est un bon gars, emporté, rancunier, mais le fond n'est pas mauvais… Carla, mon bel amour, je voulais que tu saches tout cela, parce que tu es la seule à qui je pouvais le dire, la seule qui m'ait jamais compris…

Un long silence saturé d'émotion, de tendresse et de reconnaissance vient prendre la place des paroles, Guy et Carla tombent un moment dans les bras l'un de l'autre, s'embrassent comme d'anciens amants que la vie sépara contre leur volonté... Dans l'herboristerie flotte un savant mélange de fragrances, des bouquets de verveine, de marjolaine sèchent, pendus aux poutres ; Carla raccompagne Guy par la main jusqu'à l'entrée où il a attaché son cheval. Il lui caresse les cheveux, dépose un dernier baiser sur son front et s'éloigne, au pas, dans la douce lumière de cette fin d'après-midi. Elle attend que la silhouette ait totalement disparu dans l'oliveraie pour retourner à ses plantes. Mais elle n'a pas le courage de se remettre au travail, ce qu'elle vient d'entendre la bouleverse et fait remonter les souvenirs heureux du temps où ils s'aimaient en secret. Pensive, elle s'assied à la table de fer près du potager, le médaillon de François dans sa main ouverte.

Personne ne vient troubler le bonheur d'être dans cette Provence, compagnon d'une paix inséparable de ce paysage de rocaille, de bosquets, de vignes... Guy emprunte un sentier escarpé d'où monte une senteur proche de celle de l'herboristerie de Carla... Au seuil d'une petite vallée tranquille, il descend de cheval. Il souffre ; une douleur infernale lui taraude le cerveau. Il peine à marcher, écrasé par la puissance du mal, finit par s'asseoir lourdement sur un gros bloc de pierre crayeuse. Il saigne du nez, grimace en fermant les yeux... Il a choisi cet endroit pour être en accord avec ce pays qu'il aime tant. Devant lui, un petit lac paisible où de grands hérons se cachent dans les ajoncs. D'une main tremblante, Guy sort le sac de poudre de sa poche, trouve la force de regarder la beauté du lieu qui l'entoure, joint ses mains pour former un petit creux où il verse le contenu du sac et avale d'un coup ; il sort de la poche intérieure de sa veste une flasque, boit pour faire passer ce goût de cendre dans la bouche. Vite apaisé, il s'allonge à même le sol, dans l'herbe jaune de soleil, le regard tourné vers cette lumière qui, doucement, décline… Il s'éteint lui aussi, lentement, sans souffrir, communiant avec le souvenir de Carla et la splendeur de son pays natal…

Le lendemain matin, un cantonnier venu éclaircir des sentiers trouve le corps de Guy près du cheval qui attendait que son maître se relève. Aussitôt prévenu, Alex transporte lui-même son père jusqu'à la maison et l'installe dans la grande chambre du premier étage, près du portrait de sa mère. Alex reste assis, prostré, près du lit, dans la pénombre… Vers dix heures, il descend se faire un café, pour tenir le coup. Derrière lui, un bruit de pas, il croit l'espace d'un instant que ce pourrait être Guy… la force de l'habitude. Il se retourne, un bol à la main, les yeux pleins de larmes. C'est Pierre qui, dans la seconde, comprend qu'un drame vient de se passer. Un homme qui pleure ne parle pas, Pierre devine et se jette dans les bras de son frère. Le vœu de Guy se réalise un instant, ses fils se soutiennent, partagent la même peine, terrassés par la mort soudaine et solitaire de leur père.

Alex a tenu à appeler Marie pour lui faire part de sa peine, lui raconter comment Guy a choisi de s'en aller, près du lac de Magnane, seul avec son cheval, à la tombée du soir… Ils conviennent de se retrouver là-bas. Quand elle arrive, il marche au bord de l'eau, contemplant l'horizon. Elle approche sans bruit, lui prend la main, ni l'un ni l'autre ne parlent. Ils restent à regarder les vaguelettes mourir doucement sur le sable. Alex dit tout bas :

— Il ne m'a pas laissé le temps de le retrouver, de lui prouver qu'il pouvait être fier de moi…

— Il était fier de toi, Alex… Je regrette tellement tout ce que je t'ai dit… Parfois, je ne te comprends plus, mais ça ne m'empêche pas de… t'aimer.

Immobile, l'air absent, Alex s'enfonce dans sa souffrance. Marie demeure un moment près de lui, puis retire lentement sa main, dépose un baiser sur son épaule et part dans le couchant.

Sur le chemin du domaine, la jeune femme repense à tout ce qu'elle a vécu avec Alex, les moments faciles, les incompréhensions, à tout ce qu'elle partage, aujourd'hui, avec Pascal… Ce n'est pas simple de vivre avec ceux qu'on aime. Comme elle n'a ni la force ni le courage de chercher en elle un signe qui clarifierait tout, elle va rejoindre Pascal pour se jeter dans ses bras… Avec lui, tout paraît évident, pas de nœuds, d'embûches. Elle reste dormir chez lui, avec lui.

Le lendemain de bonne heure, alors qu'elle a déserté la villa, il la retrouve, pensive, assise sur le ponton de bois d'Abyss.

— Où es-tu partie, ma belle ? Dans quel pays où je n'existe pas ? lui dit-il en lui caressant le creux de la paume. Je t'ai prise par la main pour t'aider à retrouver ton passé… et, parfois, comme ce matin, j'ai l'impression que tu as lâché la mienne…

— J'ai besoin de toi, Pascal… À un point que tu n'imagines pas.

— Marie, mon amour… veux-tu être ma femme ?

Elle regarde les reflets du soleil miroiter dans la mer, lève les yeux vers la montagne et le soleil éblouissant, se tourne vers cet homme qui attend impatiemment une réponse.

— T'épouser ! C'est aussi simple que ça. En principe… je voudrais que tu me laisses deux jours de réflexion… Pas davantage. Promis. Ces derniers temps, ma vie a été très bousculée… Ce n'est pas que j'hésite, j'ai seulement besoin d'être sûre de moi… une fois pour toutes.

— Évidemment, je préfère que tu réfléchisses ! Ce n'est pas le genre de réponse qui n'engage qu'à moitié… Je ne veux pas t'influencer, mais tu ferais de moi le plus heureux des hommes.

La décision de Marie est encore soumise au poids de son passé, à son amour tumultueux avec Alex. Les dernières semaines ont été éprouvantes à plus d'un titre, Marie ne sait plus vraiment qui est cet homme qu'elle a aimé, rejeté, repris… elle l'a connu sauvage, protecteur des loups, entrepreneur. En jean et veste de velours côtelé, en costume-cravate. Il y a de quoi perdre ses repères ! Pascal a surgi dans sa vie, comme un don du ciel ; en s'attachant à lui, elle a découvert un homme très différent, plus conciliant, plus facile à cerner. Elle pense à tout cela en revenant au port, sa main dans celle de Pascal, qui ne pose plus de question. Il sait pourtant qu'avec Marie, rien n'est jamais déterminé par avance, il suffit d'un événement extérieur pour qu'elle change d'avis, brusquement. Dans le pire des cas, elle peut même partir au bout du monde…

Au domaine où elle retourne dans la soirée, son premier geste est d'aller regarder dans la serre où en est l'herbe de Circé. Pas l'ombre d'un bouton… C'st à n'y rien comprendre, certains plants sont à l'ombre, d'autres au soleil, mais le résultat est le même : navrant ; il faudrait un miracle.

Carla, qui l'a rejointe, s'étonne de son pessimisme, cela ne lui ressemble pas de baisser les bras. Marie est sans doute trop sollicitée pour ne pas être un peu perdue. Pascal… la plante de Circé, son avenir ici, comme médecin de campagne, ou à l'autre bout du monde. Dans la serre baignée de lumière, Marie ressent le besoin de se confier à sa mère.

— Pascal m'a demandée en mariage… ce matin.

Carla, surprise, sourit, scrute le visage de sa fille pour y deviner une réponse.

— Et alors ?... Tu as dit oui ? Tu es heureuse ?

— C'est à dire que... pour être franche... je ne m'y attendais pas. C'est un peu rapide, tout ça. Trop peut-être.

— Je ne sais pas... C'est toi qui as la réponse, pas moi !

— Je sais. Je lui ai demandé deux jours... Je me dis que j'aime ce qu'il est... ce qu'il me donne... et puis, il fait tout pour me rendre heureuse...

— Et il y arrive ?

— Souvent, oui... Mais je n'ai aimé qu'Alex avant lui et c'était très différent. Je n'ai que peu de points de comparaison... Peut-être que c'est idiot, mais c'est difficile de dire oui... de s'engager pour la vie.

— Comme je te comprends, ma chérie... Le mariage, c'est un défi, jour après jour... Certains le relèvent, d'autres n'y parviennent pas, se lassent, finissent par laisser tomber et regarder ailleurs... comme Marco. Suis ton désir. En amour, il n'y a pas de garantie, rien que des promesses. Chacun fait tout ce qu'il peut pour les tenir mais, parfois, on manque de patience, de courage... Aimer, c'est un peu comme attendre qu'une plante fleurisse, il faut y croire, tout faire pour que les conditions soient les meilleures...

Marie hoche la tête, comme si les paroles de sa mère étaient exactement celles qu'elle voulait entendre pour chasser ses doutes. Dire oui pour la vie. S'engager. À rendre un autre heureux, à l'être soi-même, toujours. Un pari fou ? Peut-être, mais sans doute la seule manière de connaître le bonheur en sortant de soi, de ses préoccupations, de son égoïsme naturel ; mettre la barre haut, par volonté de se dépasser, en se surprenant...

Réunies autour des quelques plants d'herbe de Circé, Carla et

Marie examinent ensemble tiges et feuilles, à genoux, les gestes presque identiques semblent s'accorder dans un même soin; Marie regarde soudain sa mère, pense que cette femme toute dévouée à l'amour de ses filles a réussi à sortir de son deuil, à reconnaître le visage de l'amour en acceptant celui de Franck... et ce que Carla vit devient, pour elle, le modèle du pari tenu, un exemple de bonheur. Mais son choix est un dilemme : aimer Alex, c'est tourner le dos à un amour sans ombre; aimer Pascal suppose d'oublier un large pan de sa vie passée. Dans tous les cas, c'est rendre un homme malheureux.

16.

Dans le bureau des carrières où Agnès s'affaire, Alex affiche des traits tendus par l'anxiété, la douleur, presque fiévreux. Le silence est pesant entre eux. Elle finit par aller s'asseoir franchement en face de lui, le regard à la fois inquiet et interrogateur.

— Si je peux t'aider...

Il la fixe un long moment sans répondre, puis se décide à parler :

— Je suis en enfer. Et je n'ai plus la force d'affronter ça tout seul. Tu es la seule à qui je peux me confier... L'homme qui a donné papa à la police, qui l'a fait mettre en prison alors qu'il vivait ses dernières heures... c'est Jacques Nils... mon associé.

— C'est ignoble... murmure Agnès, qui a pâli soudain.

— Ce matin, il a appelé pour dire qu'il viendrait tout à l'heure. Je ne sais pas si je pourrai le supporter. J'ai envie de tuer cet homme. J'y pense à chaque seconde. Je ne le ferai pas mais, à partir de maintenant, je vais le laisser venir, tisser lentement ma toile, calculer... et je l'étoufferai comme une bête nuisible, au bon moment. Il faut que j'arrive à écraser ce serpent.

Le seul fait d'avoir pu parler à Agnès le soulage, il se sent moins seul déjà, même s'il n'a rien dit de cette autre déchirure : son impossible amour pour Marie... Et quand le chauffeur de Nils ouvre la portière de son patron, devant les bureaux, Alex parvient à garder un visage neutre.

Dans l'atmosphère saturée de poussière, les deux hommes s'approchent l'un de l'autre ; Nils, un mouchoir sur le nez, sursaute à chaque détonation, une suite d'explosions résonne dans la vallée.

— Bonjour, mon cher Alex. Je suis venu pour te présenter mes condoléances. J'avais de l'affection pour ton père, même si je ne partageais pas sa vision de la vie... Là où il est, il doit être heureux, je suppose... heureux de voir les carrières aussi actives... et fier de son fils.

Alex reste de marbre.

— Il savait aussi ce que vous avez fait pour lui...

— Les vieilles dettes sont effacées, répond Nils sans relever l'allusion.

— Moi, je ne les oublie pas.

Nils sourit pour garder contenance et, ne sachant que répliquer, marche le long d'un sentier du chantier en regardant les nouvelles installations, évitant les monticules de pierres pour ne pas abîmer ses chaussures.

— J'ai appris que Béatrice Valbonne se présentait aux élections municipales. Tu en as certainement entendu parler... — Alex hausse les épaules. — Elle fait courir le bruit qu'une fois élue, elle fermera les carrières... à cause des nuisances ou je ne sais quoi.

— Ce n'est pas elle qui en veut à mon entreprise, c'est sa sœur Marie... Mais je vais arranger ça.

— Tu connais le proverbe, l'amour est mauvais conseiller !

— L'amour... Marie Valbonne me déteste.

— Il ne faut pas que Béatrice soit élue. C'est impératif. J'ai donc décidé de présenter un candidat contre elle, à la mairie. Et je me suis dit que tu étais le mieux placé pour gagner.

— Moi ? Vous plaisantez !

— Pas du tout. Tu es un enfant du pays et tu as plutôt bonne réputation... pour un Lantosque. Et, en plus, tu incarnes l'entrepreneur qui réussit, dynamique, moderne, ambitieux... Ce n'est pas la peine de faire cette tête ! Pas d'état d'âme, Alex. Cette élection te permettra d'aller plus loin... Sans le pouvoir politique, on ne fait rien dans ce pays... Tu vas me dire que tu n'as pas ce genre d'ambition, qu'il faut que je trouve un autre candidat...

— Exactement ! Je ne suis pas votre jouet ! Je suis encore libre de savoir ce que je veux, libre de choisir !... Excusez-moi, mais j'ai du travail... moi !

— Attends un peu. Je n'ai pas fini, Alex... Ton frère a passé la nuit au casino, hier. Il a commencé par gagner gros et il a tout reperdu. Le jeu, quoi ! L'ennui, c'est qu'il croyait encore en sa chance, alors, je lui ai prêté une somme importante, pour ne pas dire colossale... pour lui éviter des ennuis. Que veux-tu, la déveine...

Alex se crispe, blêmit.

— Combien ?

— Un million de francs, à quelques centaines près... Une belle avance, non ? De quoi passer un bon moment en prison s'il n'arrive pas à honorer sa dette. Sauf si... le futur maire de Saint-

Circe me demande de ne pas porter plainte... Et tu me connais, je suis toujours prêt à rendre service!

— Rien ne vous arrête, salaud! Maître chanteur, pourri!

Écœuré, acculé, le menton tremblant de haine, Alex saute à la gorge de Nils. Le garde du corps qui rôde à quelques pas se précipite et sépare les deux hommes. Puis il roue de coups Alex, méthodiquement, sans lui laisser la moindre chance de riposter. Nils rajuste son costume, fixe Alex qui gît dans la poussière, l'arcade sourcilière éclatée...

— Tu vois... tu n'as pas le choix. À moins que tu veuilles que ton petit frère aille pourrir en taule? Je te laisse à tes occupations, nous sommes appelés à nous revoir, par la force des choses.

Suivi comme son ombre par le garde du corps, Nils regagne sa voiture, croisant Agnès, qui, intriguée par les éclats de voix, est sortie du bureau.

— Alex!

Elle accourt, aide le jeune homme à se relever.

— Laisse, Agnès, c'est rien, je rentre chez moi.

Alex s'affale dans le fauteuil de son père, la tête dans les mains. Pas d'autre solution que de se ranger, de suivre les ordres de cette ordure! Sur le bureau, des amas de papiers que Guy n'a pas eu le temps de trier. Alex y jette un œil, sans réussir à penser à autre chose qu'à l'inconscience de son frère. Une voiture vient de se garer dans la cour, Pierre en descend, en sifflotant. Alex le reçoit sans ménagement, mais Pierre refuse de comprendre.

— Pauvre papa... Il voulait qu'on fasse la paix, il est à peine sous terre que tu viens me demander des comptes!

Alex lui montre son visage tuméfié, coquard à l'œil droit, arcade fendue.

— Les comptes dont tu parles, c'est moi qui les paye! Et cher!

— Il t'a prêté du fric à toi aussi, que je sache.

— Oui, mais moi, je l'ai investi, pas claqué ! Et tu vas le trouver où, l'argent pour rembourser ?

— Ici. Tu vas commencer à faire des bénéfices, la boîte tourne de mieux en mieux. Et je suis toujours ton associé, je te le rappelle. Papa voulait nous voir travailler main dans la main, c'était son dernier souhait !

— Nous y arriverions si tu arrêtais de faire n'importe quoi ! Le problème, c'est que Nils me tient maintenant. Il veut que je me présente à la mairie… Si je refuse, il va te faire foutre en taule ! Tu vois le marché ?

— Toi, maire ? Tu plaisantes ! Mais quand j'y pense… si tu y arrives, on fera ce qu'on veut, on aura les mains libres.

En écoutant son frère, Alex regarde la montre de Guy, posée sur le bureau. Le regard de Pierre se pose aussi sur elle. Ils se taisent, puis se regardent tristement. Alex prend la chaîne, tend l'oignon d'argent à Pierre en disant :

— Tiens, garde-la… Mais ne la joue pas !

Pierre sourit, à la fois mal à l'aise et agacé par le soudain élan d'Alex. Il comprend maintenant que son frère n'a pas la liberté de refuser le marché de Nils, par sa faute. Pierre sort, la montre serrée dans la main, il se sent aussi triste que coupable. Alex est envahi par la pitié, il s'en veut de son impuissance à remettre son petit frère dans le droit chemin. Il n'a jamais su se débrouiller seul, si ce n'est pour trafiquer…

— Pourvu qu'il s'assagisse avec le temps, soupire Alex, avant de replonger dans la paperasse.

Deux heures à classer, à ranger les documents confidentiels que Guy rapportait du bureau dans des tiroirs fermant à clé. Dans l'un d'eux, il trouve une épingle à cravate appartenant à Guy. La nostalgie lui presse le cœur, il fixe l'épingle au revers de sa veste et passe la fin de la journée à se souvenir de tous les heureux moments partagés avec son père, songeant que même les petites querelles font partie de ce bonheur aujourd'hui disparu... Il doit se faire violence pour ne pas sombrer dans la complaisante évocation du passé. Les exigences du présent sont plus urgentes. Et de cette lutte, il veut sortir vainqueur, libre.

Des grappes de lampions, des ribambelles de drapeaux... Tout le village est décoré de guirlandes de lavande et de fleurs fraîches. Saint-Circe s'apprête à fêter le carnaval, l'événement incontournable de la saison. Beaucoup ressortent leurs costumes traditionnels, d'autres font les frais d'un déguisement neuf. On ne manque pas d'imagination, au pays ! Des enfants courent sur la place, des Arlequins, de petites Colombines en robes à damiers, des corsaires, des Peter Pan... Sur des étals en plein air, beaucoup de produits de la région : de grosses fougasses aux olives, aux lardons, des pans bagnas... une odeur de barbe à papa flotte dans l'air. Le sol, encore vierge de confettis, a gardé la chaleur torride de l'après-midi.

Au bord d'une falaise dominant la mer, Agnès et Sabine se promènent main dans la main. L'adolescente est venue trouver sa mère au bureau, plus tôt dans la journée, lui demandant de lui montrer les endroits où ils se rencontrèrent, où ils s'aimèrent avec cet inconnu, son père. Bien qu'elle ait été en pleine conversation avec Alex, qui lui confiait les vraies raisons de sa décision de se présenter à la mairie, Agnès a senti qu'elle ne devait pas laisser passer cette chance.

— Comment as-tu pu suivre cet homme que tu ne connaissais pas ? s'étonne Sabine en regardant la baie. À quinze ans, quand même !

— Je n'ai pas eu peur, une seule seconde. Dès qu'il m'a pris la main pour m'inviter à danser, j'ai su que c'était lui que j'attendais, qu'il serait le premier. Ne me demande pas pourquoi... L'intuition, je ne sais quoi qui devenait certitude. Comme une évidence...

— Il était comment ? Beau, gentil ?

— Il suffit de te regarder pour savoir... répond Agnès en passant doucement la main sur le visage de Sabine. Oui, il était beau, et même davantage. Mais j'ai oublié son visage... tout s'est effacé. Elle a été comme engloutie par le temps, tu sais, comme les dessins d'enfants, sur la plage, que la mer recouvre petit à petit. Je me souviens de son regard très doux, de ses mains, longues et fines... des mains de musicien. Le son de sa voix, lui aussi, s'est atténué, pour ne plus revenir.

— Il avait de belles mains ? Alors, je tiens ça de lui ! Raconte encore, maman, je t'en prie... le soir du bal.

— C'est la première fois que tu m'appelles maman ! Eh bien, nous avions un peu bu, et ça m'a tourné la tête. Nous avons dansé, il m'a pris la main, comme ça — Agnès entrecroise ses doigts avec ceux de sa fille —, il me tenait tendrement, en dansant, nous ne faisions plus qu'un... jusqu'au bout des doigts.

— Moi, je n'aurais pas envie de le connaître. Pour plein de raisons... Je me dis qu'il doit avoir d'autres enfants, il a dû se marier et je préfère penser qu'il n'a aimé que toi.

— Tu as peut-être raison mais rien n'est jamais aussi simple, la vie décide parfois à notre place. L'amour ne ressemble pas à une séance de cinéma, on est acteurs, pas spectateurs. Maintenant, dis-moi... tu n'es pas amoureuse de Melvil ?

Sabine se tait un instant, puis confie :

— Un peu... Ce qui me tracasse, c'est que je ne sais pas si lui m'aime. Il me traite comme une petite fille, pas comme une femme.

— On ne devient pas femme du jour au lendemain. Méfie-toi quand même de tes sentiments, ne t'emballe pas, tu risques d'être déçue... Les premières amours sont douloureuses, je t'en parle en connaissance de cause ! Prends la vie comme elle vient... Tu te souviens du poème récité par Carla, l'autre soir ? Tu peux rêver, bien sûr, mais avec les pieds sur terre, pas comme une midinette. Melvil te considère comme une adolescente que tu es, ne lui demande pas de te regarder autrement...

— C'est mes affaires ! Il fera ce qu'il veut et moi aussi. Je ne veux pas planter ma vie sous prétexte de faire attention !

Agnès choisit de ne pas répondre et hoche la tête, comme si elle approuvait, mais, au fond d'elle-même, elle craint que Sabine ne souffre alors qu'elle vient à peine de reprendre confiance en la vie et en sa mère... Ensemble, elles marchent encore un moment sur les lieux du premier rendez-vous amoureux, puis vont rejoindre Béa et Marie à la supérette, en prenant les petits chemins ombragés qui mènent au village.

Arrivée à proximité de l'église, Sabine prétend vouloir se balader plus longuement dans la campagne. Elle quitte sa mère sans se retourner, joue des hanches dans sa petite robe à impression fleurie, cheveux au vent. Dès qu'elle est hors de vue d'Agnès, elle court à toutes jambes et arrive, essoufflée, à la bergerie. Le temps de reprendre haleine, pour ne pas montrer son impatience, elle entre, s'installe et commence à jouer de l'accordéon. Melvil, qui se balance dans son hamac, n'a pas dit un mot. Elle craint qu'il ne l'écoute pas, qu'il songe à une autre, laisse son instrument et vient se coller à lui. Que trouver pour qu'il cède ? Elle se souvient du *Mépris,* le film de Godard, de Brigitte Bardot demandant à Piccoli s'il aime son dos, ses jambes...

— Tu aimes ma nuque ? Et mes poignets ? Et mes mollets ?

Elle lui prend la main et la place sur sa poitrine, l'ouvre pour qu'il saisisse un sein ; il la retire lentement, mais elle insiste, approche sa bouche, il recule.

— Je ne te plais pas ?

— Mais si... Tu es la jeune fille la plus adorable que je connaisse. La plus craquante aussi, si tu veux.

— Une gosse, quoi ! Je ne suis pas ton genre, tu préfères Agnès !

— Je ne préfère personne ! J'aime ta compagnie, t'apprendre l'accordéon...

— ... et rêver d'une autre ! Je suis trop jeune, c'est ça ! J'en ai marre d'entendre toujours la même rengaine ! Tu as quarante ans, ça ne t'empêche pas de m'aimer ! Regarde Carla et Franck, il a quinze ans de moins qu'elle, et alors ?

— Ce n'est pas qu'une question d'âge... Et qu'est-ce que tu sais de l'amour, toi ?

— Je sais que j'ai le cœur qui bat à toute vitesse quand je suis près de toi... Que tu me manques tout le temps. Que ça m'obsède quand je suis loin de toi. J'ai le ventre noué, un grand vide au fond de moi... Je pense tout le temps à toi et à t'embrasser.

Rien de plus touchant que ces tentatives de séduction, mélange de maladresse et de manœuvres sans grande imagination... Amusé, Melvil tend une main, attrape l'accordéon et le remet dans les bras de Sabine.

— Mais je ne veux pas jouer, pas maintenant ! Non ! Je ferme les yeux, tu m'embrasses et après, je m'en vais ; sinon, je dors dans ton hamac, je reste ici jusqu'à ce que tu comprennes !

Il soupire, la regarde, yeux fermés, lèvres tendues, immobile et décidée. Pas la peine d'insister, elle est têtue, alors, pour en finir, il dépose un chaste baiser sur ses lèvres avant de descendre du hamac, sans prévenir, comme pour échapper à la pression, au chantage et... à la tentation.

— Tu débordes d'énergie, mais moi, je suis un vieux et j'ai besoin de faire la sieste! Autrement, je suis de mauvaise humeur... Je suis debout depuis six heures ce matin, je fatigue, tu me fatigues, allez ouste, rentre chez toi.

Sabine minaude, tourne sur elle-même, le suit dans la bergerie, remarquant un masque vénitien posé sur une commode en pin.

— C'est pour ce soir ? Et tu te déguises en quoi ?

— Surprise.

— Moi, je serai en vieille ! Comme ça, tu seras bien obligé de me regarder et de m'aimer ! Et même de faire la sieste avec moi !

Sur ce elle fait une petite révérence sur le seuil de la porte, et s'en retourne sautillante dans la lumière qui commence à décliner.

À la supérette, Marie trouve Béa à sa caisse, la mine défaite.

— Heureusement que tu es plus souriante sur tes affiches électorales !

Béa maugrée, ronchonne, il n'y a pas de gloire à être candidat unique, comme en ex-URSS !

— Marie, les comprimés que tu m'as donnés ne me font plus rien, je ne dors pas. Il me faudrait quelque chose de plus fort. Je t'assure, je n'y arrive pas...

— C'est amplement suffisant. Tu serais complètement abrutie, je ne veux pas d'une candidate zombie !

— Tu es médecin, tu ne peux pas refuser de me soigner.

— Demande des tisanes à maman ! Moi, je t'écoute, je compatis... je te secoue, c'est le seul remède. Et puis, quand tu seras élue, tu commenceras par me marier, enfin, peut-être... Je suis censée donner ma réponse à Pascal quand il rentrera de Marseille.

Leur conversation est interrompue par l'arrivée d'Emma, qui

virevolte dans le magasin en demandant si son costume lui va bien. Elle s'est déguisée en Circé la guérisseuse, sous l'influence de Carla, manifestement.

Marie écarte les bras de sa nièce pour mieux contempler le costume.

— Je comprends maintenant pourquoi Levo se déguise en Ulysse…

— T'es nulle, Marie, répond Emma, la femme d'Ulysse, c'est Pénélope, pas Circé ! Elle était tellement bête qu'elle l'a attendu vingt ans en faisant une tapisserie pendant que son crétin de mari la trompait avec toute la Méditerranée. Circé était plus intelligente : elle vivait avec des cochons, parce que les hommes, c'est tous des cochons ! Je le sais et je ne me marierai jamais !

Marie éclate de rire. Béa soupire profondément, regarde sa fille prendre un soda et un paquet de bonbons en sautillant.

— Je ne suis pas loin de penser comme elle… Les hommes…

— C'est bien vu de dire ça à une femme qui va se marier ! Tu le fais pour me bousiller le moral ?

— Tu as raison, ce n'est pas très malin, dit Béa en riant enfin. Pas de généralités ! Le tien n'a pas l'air d'être un mauvais numéro. Bon, il faut penser à nous changer, nous aussi. Les occasions de s'amuser se font rares…

17.

Tout Saint-Circe pavoisé brille sous les lampions. Paziols n'a pas lésiné, il a débloqué beaucoup de fonds pour la dernière grande fête de son mandat. Au milieu de la grand-place, installé sur une estrade, « Les sorcières », le groupe de Sabine a déjà entamé son répertoire, elles sont les seules à ne pas porter de masques. Tous les autres, costumés, déambulent dans les ruelles, vêtus de costumes très originaux, beaucoup de petits marquis portant moretta, de courtisanes richement parées. Une ambiance très vénitienne, en somme ; Levo est en Ulysse, Emma en Circé, Marie en comtesse d'un palais du Grand Canal, Béa en Lucrèce Borgia... Un inconnu s'approche, invite la belle Lucrèce à danser, pendant que Marie n'arrête pas de boire sous prétexte d'enterrer sa vie de jeune fille ! Un prince en brocart s'incline devant elle... même déguisé, Alex est vite reconnaissable à son allure comme au son de sa voix.

— Je m'attendais à ce que tu arrives en homme des bois !

Quant à Agnès, elle s'est lancée dans une valse avec un corsaire assez timide. Pas un instant elle ne devine qu'il s'agit de Melvil ; quoi qu'il en soit, l'inconnu danse à merveille, il enlace la taille de sa cavalière, glisse ses doigts dans les siens… soudain, tout se trouble dans l'esprit d'Agnès, l'instant perd sa réalité pour retrouver celle d'un instant passé, d'une rare intensité. Pas de doute, elle revoit leurs mains adolescentes qui s'effleurent, leurs phalanges mêlées, la caresse du pouce dans la paume ouverte… il y a dix-sept ans. Comme prise de vertige, Agnès virevolte sur la piste, sourit avec émotion, ses yeux ne quittent plus les yeux de celui qui la fait danser. Le reste du monde s'efface, ils sont seuls, comme les amoureux de la chanson qui ne regardent rien autour d'eux, dans le bal sans nom, le bal perdu…

— Je vous attendais depuis si longtemps, murmure-t-elle. Tant et tant d'années…

Muet de surprise, Melvil continue de faire valser Agnès, bien que la musique des « Sorcières » se soit interrompue. Déjà, l'un dans les bras de l'autre, ils goûtent cet instant magique où les âmes s'unissent, comme suspendues dans la douceur d'une éternité qui vient effacer le temps passé loin de l'autre… Encore un dernier pas, un regard, et ils s'arrêtent dans l'obscurité d'une rue sans lampions, près d'une porte cochère. Leurs mains ne se sont pas séparées.

— J'ai soudain reconnu vos mains… vos yeux… je n'ai rien oublié.

— Moi non plus, malgré les années…

Melvil s'apprête à retirer son masque, elle l'en empêche, un instant, pour l'embrasser, comme si elle ne voulait pas découvrir de suite ce visage qu'elle connaît pourtant. Le *bauta* ne cache pas la bouche, s'arrête juste au-dessus de la lèvre supérieure, Agnès peut donner un baiser à son amour de jeunesse. Quand il lève son masque, saisie, elle le dévisage longuement alors qu'il la regarde avec autant de tendresse que d'émotion.

— J'avais si peur de briser un rêve... de détruire un souvenir. Je n'ai pas osé te le dire.

— Toi... C'est bien toi... Et je ne t'ai pas reconnu. Rien, pas un indice que j'aie su lire ! J'ai aimé une image lointaine et que le temps a modifiée, je t'ai remodelé, réinventé, et maintenant, c'est toi, enfin...

Ils se découvrent, comme si c'était la première fois, comme si tout était neuf... Ils aimeraient que cet instant n'en finisse pas, que leurs mains se retrouvent, sans que rien ni personne ne vienne les déranger. Mais Sabine qui les a vus s'éloigner a fendu la foule et les trouve enlacés dans l'obscurité.

— Tu m'as menti ! C'est elle que tu aimes ! Vous n'êtes que des menteurs ! Je vous déteste !

La jeune fille s'enfuit.

— C'est affreux, murmure Agnès. Il faut qu'à toi aussi, je dise tout ce que tu ignores encore... Melvil, Sabine n'est pas ma sœur... Sabine est ma fille.

Sous le choc, Melvil ne trouve pas de mots, il écoute, yeux grands ouverts, bouche bée.

— Je ne sais pas comment te le dire, c'est une longue histoire... Il y a dix-sept ans, quand nous avons passé cette merveilleuse nuit ensemble... je me suis retrouvée enceinte. Tu as disparu, j'étais perdue, complètement désorientée, et si jeune encore. Carla a élevé Sabine en se faisant passer pour sa mère, elle voulait que je puisse continuer à vivre normalement. Comme si c'était possible...

— Alors... c'est ma fille ! Quand je pense qu'elle est amoureuse de moi ! Si j'avais cédé, tu te rends compte ! Tu avoueras que ça fait beaucoup en une seule soirée. Je te retrouve et j'apprends que je suis père. Ce n'est pas que ça me déplaise... mais j'ai l'impression qu'une poutre vient de me tomber sur la tête. Il va falloir lui parler...

— Rassure-toi... Nous prendrons le temps de tout lui dire. Et puis, nous nous sommes passé de toi pendant des années, alors...

Sabine, en larmes, s'est arrêtée dans une impasse près du port pour crier sa douleur; ses amies la cherchent partout, l'appellent à tue-tête; elle s'essuie les yeux, se mouche, respire profondément, les rejoint en disant qu'elle avait besoin de marcher un peu, après le concert. Un homme la demande, il s'appelle Mehdi, c'est un beur d'une trentaine d'années, look branché, veste à paillettes, cheveux bouclés, très courts, un beau visage, quelques rides d'expression sur le front, une guitare sous le bras. Il est musicien et assure la deuxième partie du concert... La voix de Sabine l'intéresse, il la félicite, se permet une ou deux remarques sur le rythme. Sabine n'a d'abord aucune envie de l'entendre mais, sensible aux compliments, elle finit par lui accorder un bref instant, sans parvenir à écouter vraiment son interlocuteur.

— Et puis tu as un physique... et ça compte aussi.

Il lui tend sa carte de visite. Sabine la balance sur une table, sans la lire.

— Si tu crois que je n'ai que ça à foutre, écouter ton baratin! Il faut que j'y retourne.

Elle rejoint ses amies sur la scène où, sans attendre, elle entame les complaintes argentines apprises par Melvil, en jouant du bandonéon.

Marie tend une oreille.

— Écoute, Alex, c'est Sabine qui joue... Je la trouve si...

Elle titube, Alex la soutient et propose une petite marche, pour que le grand air dissipe les vapeurs d'alcool. Descendant bras dessus bras dessous vers la plage déserte à cette heure, ils se promènent, dans la lumière de la pleine lune, pieds nus.

— Marie… tu me manques tellement. J'en crève… Depuis que papa est parti, la seule personne à qui je tiens, c'est toi.

Mais Marie élude, regarde le ciel.

— La lune est belle, on dirait un grand disque lumineux. Les Indiens pensent qu'un lapin vit là-bas et…

— Marie, je t'en prie… regarde-moi. Je n'en peux plus de te perdre tout le temps. Ça me rend fou, parce que je t'aime et que toi tu…

— S'il te plaît… chut !

— Mais je ne peux plus vivre sans toi ! Je vis en enfer, seul comme un damné, comme un chien !…

Il prend le visage de la jeune femme entre ses mains, l'embrasse, puis l'étreint, d'abord pour se consoler par la douceur de cette présence, mais bientôt leurs gestes deviennent plus sensuels jusqu'à ce que leurs corps n'en forment plus qu'un. Le désespoir, l'ivresse, la fatigue s'ajoutent au désir secret qui les unit, à cet amour refoulé. Le temps d'une nuit, ils retrouvent la facilité, celle de la bergerie, du petit lit, la lumière de la lune remplaçant celle du feu de cheminée…

Le soleil matinal les surprend enlacés. Alex dépose un baiser sur le front de Marie qui émerge lentement, surprise d'être là, drapée dans une cape de velours noir, sur un tapis de galets. Dès qu'elle reprend ses esprits, ses premiers mots prennent une allure d'excuse :

— Hier, tu te sentais mal… Moi aussi. J'étais éméchée, tu tombais de fatigue. Et je n'aime pas te voir souffrir.

— Je sais, mais… si tu voulais, tu pourrais me rendre heureux, tout le temps.

— Nous avons essayé, sans arriver à rien. Jamais. N'insiste pas… Pour hier, pour cette nuit… je regrette, parce que c'est Pascal que j'aime.

Alex se redresse, blessé au vif.

— Tu as beau regretter, tu l'as fait! Tu viens de lui donner une belle preuve d'amour, à l'autre! Pourquoi es-tu aussi dure avec moi?

— Il est trop tard. Ne compte pas sur moi pour rebrousser chemin et me retrouver, une fois de plus, blessée, meurtrie, convaincue de m'être trompée…

Marie se reproche à elle-même d'avoir eu la faiblesse de céder à son désir, de donner autant de plaisir que de souffrance à cet homme en qui elle refuse de croire. Sa décision est prise, elle épousera Pascal au sortir de cette épreuve du feu, de cette ultime tentative, et dernier abandon.

Le soleil se lève et, bien qu'il la regarde, Alex la sait loin; alors il part le premier par le chemin escarpé bordé de buissons épineux. Elle avance d'un pas pour le suivre, pour le consoler peut-être, mais trébuche sur un de ses escarpins, la plante de ses pieds sur les galets encore glacés par la nuit. Elle se baisse, ramasse la chaussure, et la jette avec rage dans les flots… Elle rentre pieds nus, sa robe vénitienne s'accrochant à l'aubépine du chemin, et, plutôt que de retourner au domaine, elle décide d'aller retrouver Agnès, dans sa petite chambre chez les Lantosque. Elle a besoin de parler.

— Avec Alex, cette nuit, c'était ma manière de lui dire adieu. Nous avions besoin de tracer le mot « fin » sur la dernière page… Mais tu ne m'écoutes pas, tu souris bêtement. Qu'est-ce qu'il y a?

Les yeux étincelants, Agnès relate le miracle, la rencontre, le détail qui lui a ouvert les yeux.

— C'est comme la chanson de *Jules et Jim* : « On s'est connu, on s'est reconnu, on s'est perdu d'vue... »

— Quand je pense qu'il y a des gens qui disent que la vie n'est pas un roman ! C'est qu'ils ne connaissent pas la nôtre ! Trêve de plaisanterie... Je vais aller faire un tour au domaine, j'ai besoin d'un sérieux bain...

À peine a-t-elle passé le portail que Levo court à sa rencontre pour lui annoncer la bonne nouvelle : l'herbe de Circé vient de refleurir ! Marie s'élance vers la serre. Carla et Franck sont sur les lieux, à genoux devant le miracle.

— Tu vas peut-être pouvoir me soigner, maintenant ! s'écrie Levo.

— Demande à Carla, elle sait comment s'y prendre ! Évidemment, il n'y a pas une seconde à perdre. J'enlève tous ces falbalas, j'enfile un jean et j'emporte des plants au labo. Une autre aventure commence !

Marie est dans sa chambre en train de passer des vêtements propres quand un énorme vacarme envahit la maison. Tout le monde sort en courant. Un camion gît sur la route, couché sur le côté, sa benne renversée juste au-dessus de la serre... Le chauffeur s'est endormi au volant en revenant des carrières, il a tenté de redresser mais l'engin a quitté la route, embardée, dérapage... la cargaison s'est déversée en contrebas. C'est de la chaux. Carla et Marie se précipitent, à demi étouffées par la poussière qui sature l'atmosphère. Il est trop tard, la serre n'a pas résisté, l'herbe de Circé non plus, elle gît sous une épaisse couche blanchâtre, totalement grillée... Plus rien à sauver.

Alex arrive précipitamment, prévenu par Agnès... Marie l'agresse aussitôt :

— Non, personne n'est blessé ! C'est bien la seule bonne nouvelle ! Regarde ce que tu as fait… C'est tout ce qui reste de l'herbe de Circé, ce truc rabougri, rachitique, foutu !

— Je comprends… je vais tout faire nettoyer, dès demain.

— Mais tu ne comprends rien à rien ! J'avais réussi, grâce à Franck, à la faire refleurir et toi, par négligence, parce que tu sous-paies de pauvres types à bout de fatigue, tu flanques tout en l'air ! À cause de tes saletés de camions qui déversent leur saloperie sur toute la région et chez nous en prime ! Tu peux avoir l'air embêté ! Tu es responsable ! Quand je pense à ce que tu es devenu… Quand je pense qu'il n'y a pas si longtemps, monsieur était un défenseur de la nature, un protecteur des loups ! Mon pauvre Alex, réveille-toi, tu ne maîtrises rien, tu détruis tout ce que tu touches !

Pour finir, à bout de nerfs, elle lui enfonce un plant brûlé dans la main et s'enfuit, en essayant de contenir ses larmes. Tous ces efforts ruinés en quelques instants ! Peut-être que cette catastrophe est le signe ultime qu'elle attendait pour tourner définitivement la page Alex ? Elle jette un œil à sa montre : Pascal arrive à l'aéroport dans deux heures. Elle prend la route, convaincue. Seul cet homme-là, tendre, attentif et doux, saura la rendre heureuse.

— Alors, c'est oui ? Répète-le !

— Oui !

— Encore… C'est si bon !

— Oui, cent fois oui !

Marie se blottit dans les bras de son futur mari, confie sa peine, son désarroi.

— Il y a toujours une solution, ma chérie. Varnier sera sans doute de cet avis : il suffit de mettre toutes les données sur Internet, photo, description, exposé du milieu ; avec un peu de chance, quelqu'un possédera des informations ou, autre miracle, quelques plants… Essayer ne coûte rien.

De son côté, Alex, maintenant certain que le déplorable accident de la serre l'éloigne à tout jamais de Marie, appelle Nils pour confirmer sa candidature, bien qu'il se demande pourquoi les habitants de Saint-Circe voteraient pour un homme comme lui, un sauvage reconverti dans les affaires. S'il accepte, c'est à plusieurs conditions, il veut avoir les mains libres, refuse d'endosser le costume d'homme de paille, à la solde d'une éminence grise. Et puis l'affaire est loin d'être dans le sac, Béa jouit d'une excellente réputation, elle a l'avantage du terrain, le soutien de Paziols, sa qualité d'adjointe lui acquiert presque la victoire d'avance…

18.

— Bonjour, Marie, maman est là-haut !

Emma a ouvert la porte à sa tante, et retourne en courant devant la télévision. Marie sourit avec indulgence, et va déposer dans la cuisine les légumes que Carla lui a confiés pour Béa. Sur le plan de travail, derrière un paquet de biscottes, une boîte de médicaments. Pas des fortifiants, des benzodiazépines… de quoi vous effacer vos problèmes comme sur une ardoise magique.

Désemparée, Marie s'en veut de n'avoir pas su discerner l'ampleur du désarroi de sa sœur. Contrairement à ce qu'elle pensait, Béa ne remonte pas la pente, elle sombre. Pour entrer en campagne, elle ne sera pas au mieux de sa forme. Une dépression nerveuse ne se soigne pas aisément, ce n'est pas un vague à l'âme mais une maladie sournoise, difficile à guérir. Dans la famille, Béa était jusqu'alors une exception : une femme forte, disposée au bonheur, qui écartait les soucis d'un revers de la main. Aujourd'hui, Béa est seule, fragile, malade.

Qui plus est, elle n'a plus envie de rien. Quand Marie frappe à sa porte pour lui proposer de dîner avec Pascal et elle, Béa refuse.

— Je suis crevée… J'ai oublié de te dire que j'avais affiché les bans de ton mariage, cet après-midi. J'ai un mal fou à tout régler, le magasin, la mairie, les élections…

— Ne t'inquiète de rien, c'est comme si tu étais maire…

— Ne pense pas ça, Alex se présente contre moi. « Liste Alex Lantosque pour le renouveau de Saint-Circe. » Je l'ai croisé à la mairie, il m'a affirmé que ce n'était pas contre moi qu'il tentait sa chance… Et sur ce, je te le donne en mille, Paziols se radine, l'air benêt… Il finasse, s'enlise, je ne mets pas longtemps à comprendre, il se défile, il a décidé de soutenir Alex. Il n'a même pas eu le courage de me le dire en face. Si Alex ne s'était pas pointé, je n'aurais rien su, tu te rends compte ?

— Quel lâche ! Ils sont faits pour s'entendre. Pense à autre chose, dors, repose-toi ; tu te battras plus tard, quand tu seras en forme, et tu leur mettras une peignée de première ! Excuse-moi, mais je ne peux rester avec toi plus longtemps, le cabinet m'attend… Lodz me remplace plus qu'il ne faudrait, j'y vais.

Sur la place du village, à quelques mètres de la petite grille du cabinet, la voiture d'Alex attend.

— Je voulais être le premier à te féliciter ! lance le jeune homme, sarcastique.

— Laisse-moi tranquille, je n'ai pas le temps !

— Alors, comme ça, tu te maries ; je ne sais pas si je dois en rire ou en pleurer !

— Je n'ai pas de comptes à te rendre. J'épouse l'homme que j'aime, j'ai l'intention de faire ma vie avec lui, dans le calme et l'harmonie — ça me changera !

— Mais comment arrives-tu à te mentir à ce point ? Je te

plains, vraiment. Tu vas le regretter, peut-être plus vite que tu ne le crois... et ça me fait terriblement mal !

Alex s'éloigne à reculons, en fixant Marie dont les lèvres tremblent d'émotion ; elle redoutait cette confrontation bien qu'elle fût prévisible... La fin d'après-midi est définitivement gâchée, sa permanence au cabinet n'arrange rien, Marie en profite pour saisir sur l'ordinateur les données concernant l'herbe de Circé ; elle envoie description et photos à toutes les associations de biologistes, pharmacologues et botanistes d'Europe, comme une bouteille à la mer, une dernière chance. Bien qu'absorbée par la saisie du listing, Marie ne cesse de penser à Alex... pour mieux se convaincre d'avoir fait le bon choix. Le plus pénible ne sera pas de renoncer à cet amour de jeunesse, mais de devoir supporter sa proximité, cette présence semblable à un permanent reproche.

Malgré le soutien de ses intimes, et des médicaments, Béa ne parvient pas à s'extraire de sa détresse. Elle essaie tant bien que mal de tout mener de front, le magasin, les élections municipales, le quotidien avec Emma. Mais elle manque de ressort, n'a pas de cœur à l'ouvrage. Un coup de fil des plus inattendus vient interrompre ses travaux de repassage.

— Béa ? dit la voix de son mari. C'est Marco. J'appelle pour savoir si tout va bien.

Le cœur battant, tentant de contenir son émotion, Béa parle d'Emma, qui souffre de l'absence de son père, qui demande des nouvelles.

— Tu devrais lui parler.

— Je vais lui écrire, d'abord, dis-moi si une lettre de la banque est arrivée pour moi.

Béa, trop déprimée, n'a pas ouvert le courrier depuis un

moment ; elle part vérifier, oubliant son fer allumé sur un chemisier, près d'un tas de linge. En effet, un pli à l'attention de M. Lambrusse attend sous une pile d'enveloppes entassées sur un buffet.

— Tu me la fais suivre ? Hôtel La Roca, à Ibiza.

Béa note l'adresse, le cœur serré. Marco, évasif, promet de rappeler bientôt, mais Béa, déjà ailleurs, n'écoute plus vraiment, des larmes coulent sur ses joues, en silence. Elle raccroche, va se passer un gant d'eau fraîche sur le visage, se contemple dans le miroir de la salle de bains. Le cœur lui manque, tout se dérobe sous ses pieds, elle hésite un instant, ouvre l'armoire à pharmacie et avale deux comprimés, puis deux autres… Elle n'a envie de rien que de dormir pour oublier. Elle s'allonge et sombre presque immédiatement dans un profond sommeil ; sous le fer brûlant, le chemisier fume, flambe, quelques flammèches commencent à gagner le linge à proximité. La fumée envahit la cuisine, le salon, gagnant petit à petit la chambre d'Emma. L'adolescente se réveille brusquement, crie, se rue vers le lit de sa mère. Mais Béa, abrutie par les comprimés, ne réagit pas, Emma la secoue, il y a le feu ! Il faut sortir ! Béa émerge, s'affole, prend la main de sa fille et se précipite pieds nus hors de la maison. Un voisin alerté par la fumée a appelé les pompiers, qui arrivent quelques minutes plus tard. Peu de dégâts, beaucoup de peur, à cause d'une inadvertance ; Béa s'explique, le fer, le téléphone, les médicaments… Elle va aller finir sa nuit chez Carla ; le danger étant écarté, elle prend quelques affaires et file au domaine avec Emma. Complètement accablée, elle trouve réconfort auprès de sa mère, mais s'effondre en parlant de Marco :

— Il ne reviendra plus… Maintenant, je le sais, pas la peine de me faire des illusions !

— Ne pense pas à ça, tu dois te concentrer sur Emma, sur la

campagne ; demain, c'est le marché, il faut que tu occupes les lieux, que tu te battes, que tu exposes ton programme...

Comme tous les samedis matin, un monde fou se presse sur la place où se tient le marché. Dans les allées, deux militants distribuent des tracts, pas des gars du pays... L'air sombre, la femme du délégué aux affaires sociales, une amie de toujours, tend le papier à Béa : « La candidate est-elle capable d'assumer les fonctions de maire ? Une femme dans son état peut-elle gérer une ville ? Elle déclenche un incendie par négligence, elle peut faire pire ! »

Marie jette un œil avant de s'insurger, scandalisée :

— Qui a imprimé ce torchon ? Ces méthodes sont dégueulasses, on ne va quand même pas laisser passer ça ! Il faut porter plainte pour diffamation !

— Ils n'ont pas complètement tort, Marie... J'ai vraiment mis le feu ! Je vais continuer à parler aux gens.

Béa persévère, distribue son programme, le commente ; Marie soupire, hausse les épaules, soudain, elle aperçoit, au loin, Alex, dans un élégant costume, qui fait campagne lui aussi. Pierre est à ses côtés ; ils s'approchent, le candidat serre les mains des commerçants, pavoise auprès d'un électeur, tout en marchant.

— Notre ville a un vrai potentiel... Ma priorité, c'est le développement économique de Saint-Circe, nous devons investir dans l'industrie du tourisme, améliorer les infrastructures...

Il s'interrompt en voyant Béa et Marie, qu'il salue.

— C'est mon premier marché. Tous ces gens qui vous arrêtent, je n'ai vraiment pas l'habitude... Je ne veux surtout pas marcher sur tes plates-bandes, Béa.

— Ne t'inquiète pas pour ça, de toute façon, nous n'avons pas fini de nous croiser.

— C'est la compétition qui veut ça, ajoute ironiquement Pierre.

Marie tire Alex par une manche pour lui parler à l'écart.

— Lis ça. Il faut tomber bien bas pour écrire de telles inepties !

— C'est ignoble, tu as raison... Mais ne va pas penser que j'y suis pour quelque chose, ça ne me ressemble pas, tu le sais !

— Toi, non. Mais tout le monde sait que Nils te tient la main... Ton élection, c'est son idée, tu ne peux pas dire le contraire. Étant donné sa réputation, je ne serais pas étonnée qu'il soit l'auteur de ces saloperies.

— Tu mélanges tout ! En tout cas, je désapprouve totalement... Je vais me renseigner et, si Nils est à l'origine de ces calomnies, je donnerai des instructions pour que cesse la distribution...

Le soir -même, alors que Marie part rejoindre Pascal à Abyss, elle remarque deux inconnus en train d'écrire avec une bombe de peinture des insultes sur les affiches de Béa : « droguée », « pyromane »... Sans hésiter une seconde, elle sort de sa voiture, court vers eux en les invectivant :

— Hé, là-bas ! Arrêtez ! Qu'est-ce que vous faites ?

Les deux types détalent, donnant l'alerte à une équipe qui, quelques dizaines de mètres plus loin, recouvre les affiches de Béatrice.

— On décroche !

Marie reconnaît la voix. Le chef des colleurs d'affiches n'est autre que Pierre Lantosque. Elle s'approche des affiches fraîchement collées : « Alex Lantosque. moins d'impôts, plus d'avenir. »

— Il ne doute de rien !

Dans les bureaux d'Abyss, Pascal appelle le brigadier Bellet pour qu'il fasse au moins une ronde afin d'empêcher l'affichage sauvage.

— Bon, maintenant, parlons d'autre chose. Je t'ai réservé une surprise… Viens, suis-moi, je veux te présenter des amis qui ont beaucoup attendu pour te voir.

Dans l'entrepôt, deux formes recouvertes d'une bâche. Marie tire sur un coin, la toile tombe et découvre les statues de Mars et de Vénus.

— C'est mon cadeau de mariage… Nous sommes allés les repêcher pour toi, hier matin, avec Michel. Nous avons loué une grue spéciale… J'ai pensé que ça te ferait quelque chose de les voir de près… Elles sont encore très sales, mais j'ai prévu de les plonger dans un bain spécial, un mélange de peroxyde d'ammonium et de carbonate ionisé, genre pyrolyse. Ça dissoudra les restes de coquillages et de coraux. Dans peu de temps, elles seront comme neuves !

Marie l'enlace, très émue, fascinée par les bronzes qui causèrent la mort de son père.

— Qu'elles sont belles ! C'est le plus beau cadeau qu'on m'ait jamais fait…

— Si nous faisions comme eux, dit Pascal en montrant les statues, si nous restions ensemble… cette nuit.

— Tu as raison, il faut que je m'habitue à ne plus dormir seule, la vie conjugale par étapes ! J'ai bien besoin de quelques jours d'apprentissage !

Au petit matin, Marie passe chercher Sabine au domaine. Elle a promis de l'accompagner à Marseille, où elle est conviée par Mehdi à faire des essais dans son studio d'enregistrement. Finalement, le jeune homme ne lui avait pas menti, le soir du carnaval...

Durant toute la durée du parcours, Sabine se confie à « sa tante préférée » :

— Tu sais, Melvil m'a terriblement fait souffrir… J'ai cru que je l'intéressais.

— Tu es amoureuse de lui, et alors, c'est ton droit ! Il ne t'a rien promis. Ta mère, elle aussi, a le droit d'être heureuse. Après toutes ces années à faire semblant d'être une sœur attentive… Toi, tu as toute une vie devant toi. Regarde, cette proposition de Mehdi… Je crois, que c'est une chance. Tu as une si belle voix.

Arrivée à Marseille, Sabine, anxieuse, pense qu'elle n'est pas assez en forme pour donner le meilleur d'elle-même. Au studio, ses craintes hélas se confirment. Mehdi, très attentif, lui demande de se détendre, de faire confiance à son talent. Sabine se mord les lèvres, se lance, commence un air plutôt médiocrement chanté puis, petit à petit, l'assurance revient. Mais elle n'est pas contente d'elle.

— Tu manques de technique, mais ça se travaille, la rassure Mehdi. Ton défaut, c'est que tu ne fais pas assez passer l'émotion parce que tu es morte de trouille. Alors, si tu veux bien, nous allons reprendre rendez-vous pour un autre essai, et, la prochaine fois, je t'aiderai… de toute façon, je ne vais pas produire un disque demain matin. Tu te rends bien compte que si je te demande de revenir, c'est parce que tu as de vraies qualités…

Sabine regarde Marie, comme si elle attendait qu'elle réponde à sa place ; Marie sourit et dit :

— Pas de problème ! Nous revenons. Je sais qu'elle y arrivera, elle est douée, ma nièce ; le talent fera le reste ! Allez, Sabine, rentrons, Béa a besoin de nous, on vote demain ; elle doit être dans un état pire que le tien !

Mais Béa n'est pas au domaine. Marie dépose alors Sabine, passe chercher Pascal et file au magasin. Un coup de klaxon, elle sort, visiblement surexcitée.

— Ça ne va pas du tout, j'ai fait un cauchemar atroce ! J'en suis sûre, c'est prémonitoire. Je n'étais pas élue mais sifflée… De toute façon, ça va être ric-rac, vu le climat de campagne…

— Ce n'est pas parce qu'Alex s'est mis à porter des cravates qu'il devient crédible !

— Heureusement que vous êtes là, la journée va être terriblement longue… Les bureaux ne ferment qu'à dix-huit heures et, rien que d'y penser, mes tripes se nouent.

À la mairie, quelques électeurs font la queue en bavardant, Pascal prépare sa carte, prend un bulletin, et disparaît dans l'isoloir. Après avoir voté, il invite Marie et Béa à manger des huîtres chez Édouard, place du port.

— Qu'est-ce que tu dirais d'un petit week-end à Venise ? propose Marie.

— Pour notre lune de miel ? Pas très original !

— Non, pour le boulot, je viens d'avoir un appel d'un botaniste vénitien, un certain Damiani. Il cultive une plante qui ressemble à l'herbe de Circé, je ne veux pas manquer ça.

— On prend quand même le temps de se marier avant !

Ne sachant que faire pour tuer le temps avant l'heure des résultats, Pascal propose une longue virée en mer, baignade mais sans plongée ! Des heures durant, Pascal et Marie cherchent de nouveaux sujets de conversation, sur tout et n'importe quoi, sauf ce qui, de près ou de loin, pourrait rappeler Marco ou les élections… Vers dix-sept heures trente, le hors-bord retourne au port. Béa, morte d'angoisse, monte les marches de la mairie pour assister au dépouillement.

C'est interminable mais, après recomptage des voix, le vieux

Paziols proclame les résultats, sous l'œil des deux clans qui se regardent en chiens de faïence :

— La liste conduite par Béatrice Valbonne-Lambrusse a recueilli mille deux cent quarante-trois voix…

Les partisans applaudissent comme un seul homme, mais retiennent leur souffle. Béatrice serre la main de sa sœur. Agnès et Melvil, enlacés, se rapprochent d'elle.

— La liste conduite par Alex Lantosque a recueilli mille neuf cent trente-six voix…

Nouveau concert d'applaudissements. Alex, les bras ballants, semble ne pas réagir à l'annonce et regarde longuement Béatrice, les yeux pleins de tristesse.

— En conséquence, la liste Lantosque obtient sept fauteuils de conseillers tandis que la liste Valbonne-Lambrusse en obtient trois…

La voix de Paziols est aussitôt noyée dans les cris et les hurlements de joie. Pierre tape sur l'épaule de son frère.

— Tu es maire, frangin ! Souris…

Nils vient immédiatement féliciter le nouveau maire.

— Je te l'avais bien dit… je tiens toujours parole. N'oublie pas…

Sans lâcher la main de Marie, Béa tente de dissimuler son émotion. Ne s'est-elle pas battue dignement ? Et, alors que, pressé par ses électeurs, Alex prend la parole pour remercier toutes celles et tous ceux qui lui ont accordé leur confiance, selon les termes convenus et un peu plats de ce genre de discours, Béatrice se glisse dans la foule en direction de la sortie. Mais quand quelques-uns commencent à la huer, elle revient sur ses pas.

— Je n'oublierai pas les mots qui font mal, ni certaines pratiques fort peu démocratiques, mais je m'incline devant l'expression du suffrage populaire. J'adresse un grand merci à ceux qui m'ont soutenue.

Quelques sifflets fusent, le ton monte entre les supporters des deux camps, qui passent de l'ironie à l'insulte. Pierre accuse ouvertement Béa d'avoir incendié sa maison, Pascal s'insurge, riposte, gifle Pierre qui, d'abord saisi, se rue sur lui. La voix de Nils claque dans l'air, le stoppant net.

— Arrête ça tout de suite.

Exaspéré, il se tourne vers Melvil.

— J'en ai plus qu'assez. À partir de demain, c'est toi qui assureras la direction des carrières.

Pierre, médusé, cherche ses mots. Nils continue :

— Je viens d'en discuter avec Alex. Nous sommes d'accord.

— Qu'est-ce que tu en dis, Melvil ? demande Alex. Moi, je vais être débordé avec la mairie…

Après avoir dévisagé Agnès pour lire une approbation, Melvil répond :

— Eh bien, si… Oui, oui, vous pouvez compter sur moi.

— C'est infâme, parvient enfin à articuler Pierre, avec peine.

— Et ce que tu as fait à Béatrice, c'est pas dégueulasse ? lance Alex, furieux. J'ai honte que tu sois mon frère ! Tu déshonores le nom que tu portes !

Et alors que Pierre, comme écrasé par ces propos, reste pétrifié, Alex tourne les talons. Melvil, ravi de travailler avec Agnès, la regarde amoureusement ; elle est aux anges, ses rêves d'amour deviennent réalité, jamais elle n'aurait pensé que sa vie prendrait ce tour…

La vie à Saint-Circe n'est plus tout à fait la même depuis qu'Alex est devenu maire. Le pays ronronnait dans ses habitudes ; le vieux Paziols n'avait d'autre souci que de s'occuper des affaires courantes, sans promouvoir la commune. Le dynamisme de la nouvelle équipe régénère le village… et inquiète certains. Le clan Valbonne se prépare à célébrer le mariage de Marie et de Pascal, convaincu qu'Alex n'osera pas le présider. La décence voudrait qu'il cède la place à son premier adjoint.

Impatiente de se marier, Marie ne veut pas d'une cérémonie fastueuse, pas des centaines d'invités, plutôt une fête intime et familiale. La future mariée demande à ses sœurs de l'aider à choisir une robe. Les deux témoins ne sont pas d'accord. Sabine rêve d'une tenue princesse, Béa de quelque chose de plus provençal. Elles s'accordent sur une tenue en soie naturelle pêche, sobre et légère ; un grand voile flottant tiendra lieu de traîne. Pascal, très peu habitué à porter des costumes, opte pour un deux-pièces blanc cassé, un gilet vert olive. Le repas champêtre sera servi sur la terrasse dominant le domaine, des plats régionaux de poissons, une fricassée de légumes du jardin de Carla, une pièce montée surmontée d'une mariée en blouse blanche et d'un plongeur !

Vers quinze heures, le cortège se forme pour descendre vers la mairie. Personne ne manque — sauf Marco. L'ambiance ne ressemble en rien à celle du récent mariage de Béa, si ce n'est l'inquiétude, mais d'une autre nature : Alex occupera-t-il sa fonction ? Très nerveuse, Carla sent que Marie, elle aussi, se pose la question.

— « Il » n'osera pas… quand même…

— Non, maman, je ne crois pas… Je pense que son adjointe prendra sa place. Mais ce que je regrette le plus, dit-elle en s'adressant à Béa, c'est que ce ne soit pas toi qui nous marie… Enfin, tu es mon témoin, avec Sabine, et vraiment, je n'aurais voulu de personne d'autre…

Dans la petite salle d'honneur de la mairie, les invités attendent, murmurent, redoutent que la porte derrière le grand bureau s'ouvre. La secrétaire de mairie la franchit, souriante, registres sous le bras. Marie soupire et avec elle la totalité de l'assemblée ; quelques secondes plus tard, Alex fait son entrée d'un pas solennel, ceint de l'écharpe tricolore. Il prend place devant une assistance figée.

— Bonjour à tous, je pense que personne ne manque à l'appel... Restez assis, je vous en prie. Madame Durand, veuillez lire l'acte, s'il vous plaît...

— Devant nous, Alex Lantosque, maire de Saint-Circe, ont comparu Bobbio Pascal, né le dix-huit février mil neuf cent soixante-quatre et Marie Valbonne, née le vingt-trois avril mil neuf cent soixante-douze, pour s'unir par le mariage...

Marie serre la main de Pascal, elle ne peut soutenir le regard d'Alex, elle contemple les bronzes du bureau Empire, l'extrémité de ses chaussures...

— Il ne manque pas de toupet, tu avoueras ! murmure Franck à l'oreille de Carla.

— S'il est maso, tant pis pour lui... Mais il ne réussira pas à nous gâcher la fête, je te le jure ! Souris, fais comme si tout était normal.

Alex se lève dignement pour lire les articles du Code civil. Avec une incroyable lenteur, il insiste sur les mots : *« Les époux se doivent mutuellement assistance, secours... et fidélité »* en scrutant les yeux de Marie, qui se sent soudain très mal à l'aise. Le temps paraît ralenti, l'échange des consentements semble interminable ; les « oui » clairement audibles expriment une volonté, une détermination commune.

— Je vous déclare unis par les liens du mariage, et vous invite à signer les registres.

L'assistance flotte dans la stupéfaction ; Alex tend une main à

Pascal pour le féliciter, il répond un « merci » tranquille. Dès que Marie a signé, il se penche légèrement vers elle et dit :

— Excuse-moi pour les hésitations. Tu es mon premier mariage… Je suis très heureux pour toi, je te souhaite d'être comblée…

— Je le suis déjà. C'est une nouvelle vie qui commence.

— Je l'espère, de tout cœur…, et, s'adressant à l'assistance, il ajoute : Veuillez m'excuser mais je dois vous quitter. J'ai malheureusement beaucoup à faire.

Chacun fait un petit signe de tête poli en guise de remerciement, Alex quitte la pièce.

Si le reste de la journée se déroule sans aucune ombre, Marie, dans le secret de son cœur, pense au geste d'Alex, au courage qu'il lui a fallu pour faire face, au désespoir que suppose un tel acte : célébrer le mariage de la femme qu'on aime… Les heures passent, légères, à discuter du domaine, des talents de Sabine, de la plante de Circé… Pascal et Marie sont tout à leurs invités, ne réussissant à leur arracher que quelques miettes de liberté pour s'embrasser.

Le jeune couple cède aux obligations des photographies de groupe, accordent du temps à chacun en rêvant d'être enfin seuls et tranquilles. Carla a décoré la grande chambre jaune, celle qui donne sur l'oliveraie, de bouquets de lavande fraîche, d'immenses fleurs de Cana rouge sang dans une vasque près du lit…

Il est connu que la nuit de noces est souvent consacrée au sommeil, et Pascal et Marie Bobbio, éreintés, ne dérogent pas à cette règle. Et demain, pas de grasse matinée en vue, puisque Damiani, le biologiste vénitien, les attend.

Venise, cité des amoureux… Certains s'étonnent parfois que

cette ancienne capitale des plaisirs et du commerce, symbole de la courtisanerie triomphante et des plaisirs faciles, soit devenue la ville de ceux qui s'aiment. Sans doute parce que tout y paraît rêvé, le calme de la lagune assaillie par l'Adriatique, la splendeur baroque des palais, les façades mystérieuses, les jeux d'ombres sur la piazzeta qui, naguère, fut un verger donnant sur la mer...

Le vent marin décoiffe les nouveaux arrivants ; peu de monde encore à cette époque, et dans l'air tiède flotte une odeur d'algues, proche souvenir de l'aqua alta, les hautes eaux qui régulièrement noient places et ruelles. Le palazzo di Borgo ressemble à un vaisseau sombrant, mais rien de sa fragile beauté n'est englouti par les vagues et le temps ; Pascal a réservé une chambre donnant sur le Grand Canal ; Marie ouvre des yeux d'enfant, fascinée par tant et tant de merveilles accolées les unes aux autres. Damiani habite vers San Giorgio, à quelques palais de l'hôtel ; Pascal choisit de la laisser y aller seule, pour ne pas troubler l'euphorie entre scientifiques. Lui, il a envie d'ouvrir la fenêtre pour admirer le couchant sur la Salute...

Le dos légèrement voûté, le regard clair et pétillant, le dottore Damiani a l'habitude de faire de grands gestes pour appuyer son discours.

— Vous savez, docteur, c'est un vrai miracle que cette petite fleur de rien pousse ici. À Venise, l'atmosphère est trop humide pour elle, alors je lui mets des radiateurs pour assécher l'air... Regardez, dit-il en montrant une petite serre, elle est ici...

— Oui, je la reconnais. Les mêmes petites feuilles crénelées. Le pédoncule court. C'est bien l'herbe de Circé.

— Circé ? *Que cosa dice, signora ?*

— Une légende ou une tradition, si l'on veut... À Saint-Circe, on dit que Circé la magicienne aurait vécu près d'un temple dont il reste des vestiges dans le jardin de ma mère.

— Et d'après vous, cette plante aurait des vertus curatives contre le paludisme ?

— Il faut encore le prouver scientifiquement. Cette découverte est le fruit du hasard. D'où viennent vos spécimens ?

— De l'île d'Elbe. Je n'en avais jamais vu de semblables... J'ai toujours pensé que les plantes avaient une histoire parfois plus complexe encore que celle des hommes. Elles ont la faculté de s'adapter à leur environnement avec une fascinante facilité ; nous devrions nous en inspirer...

— Je suis bien d'accord avec vous. Permettez-vous que je la fasse analyser ?

— Prélevez tout ce que vous voulez. En retour, je vous demande seulement de me tenir au courant de l'avancée de vos travaux. Si je peux y contribuer, même modestement, j'en serai ravi.

Marie retourne enchantée au palazzo, les plants de l'herbe précieusement protégés dans un conteneur spécial. La nuit est déjà tombée comme un rideau sur la scène de la ville-théâtre, Marie parle et parle encore ; elle se retourne, Pascal n'est plus là, elle le cherche dans la chambre, personne. Le téléphone sonne, c'est Pascal qui attend... sur le balcon pour une surprise. Il prend Marie par la taille, lui demande de fermer les yeux pour les ouvrir à son signal. Une détonation...

— Regarde !

Dans le ciel sombre barré d'une clarté lunaire, monte une fusée fluorescente, première fleur d'un bouquet destiné à Marie. Feu d'artifice sur le Grand Canal, avec permission spéciale...

— Je sais que pour toi l'herbe de Circé est une plante magique mais, pour moi, tu es la fleur de mes nuits...

19.

Une silhouette cagoulée se faufile au cœur de la nuit. Tout de noir vêtu, l'inconnu porte un sac dont il extrait une corde et un grappin qu'il lance par-dessus le mur d'Abyss. L'intrus prend soin d'éviter une guérite où veille un vigile et se dirige discrètement vers la piscine surélevée, où les statues de Mars et de Vénus reposent dans leur bain de jouvence. Il sort un long tuyau qu'il branche sur une des vannes de purge, le mélange chimique se vide lentement, s'écoule vers l'eau du port… Une fois sa besogne terminée, l'homme sans visage repart par le même chemin.

Le sabotage aurait pu n'être qu'un désastre écologique si, le lendemain après-midi, une adolescente n'avait été poussée dans le bassin de plaisance par un garçon qui se croyait drôle. Elle est ressortie aussitôt, heureusement, sans avoir avalé d'eau. Une minute après, elle avait l'impression que sa peau brûlait. Lodz a diagnostiqué une intoxication par déchets toxiques. Que des brûlures superficielles, mais assez de peur pour alerter la police. L'enquête ne donne pas grand-chose, pas d'effraction et pourtant, les cuves, maintes fois vérifiées, n'ont pu se vider par enchantement. Pascal, à peine revenu de Venise, ne peut que constater l'ampleur des dégâts. Le brigadier Bellet pose les scellés et procède, par arrêté municipal, à la fermeture administrative. L'entreprise doit cesser toute activité jusqu'à nouvel ordre.

Pascal se précipite dans le bureau d'Alex.

— Tu peux m'expliquer cette histoire de fermeture ?

— Je ne peux pas faire autrement, je t'assure. Tes produits ont intoxiqué des enfants. Les parents sont furieux, je n'avais pas le choix, j'ai dû… Sans compter les dégâts écologiques, les poissons morts, le port contaminé, et tout ça… à quelques semaines du début de la saison… Tu as commis une négligence !

— Comment ça ? Mais pas du tout ! Mon employé venait juste de vérifier la cuve. Elle était parfaitement étanche. C'est un acte de malveillance.

— Écoute, je ne sais pas comment c'est arrivé, mais je ne peux prendre aucun risque supplémentaire. Une commission d'experts va procéder à une inspection et, au vu de leur rapport, je verrai s'il faut exécuter des travaux ; après quoi, je réexaminerai mon arrêté, je te le promets.

— Oh ! je t'en prie, épargne-moi ce ton ! Ton arrêté, c'est le chômage technique pour tous mes employés ! Tu veux que je mette la clé sous la porte ?

— Je regrette, je ne peux pas faire autrement. Pense ce que tu veux, j'ai ma conscience pour moi.

— Je l'espère. Mais moi, j'ai aussi un problème de conscience, quand je pense aux types que j'emploie…

Alex veut en avoir le cœur net, cette affaire sent le règlement de comptes et, à bien y réfléchir, il n'y a pas trente-six personnes qui en veulent à Pascal… Il suffit de se rappeler les menaces de

Pierre. À cette heure-ci, il doit, comme d'habitude, traîner au bar du port en douteuse compagnie.

Alex trouve en effet son frère accoudé au zinc, devant un pastis ; il le prend par le bras pour aller discuter dehors, loin des oreilles indiscrètes.

— La contamination du port, je sais que c'est toi. Je te préviens, c'est la dernière fois... Tu refais une connerie de ce genre et je te jure que je t'envoie en taule !

— Fous-moi la paix ! Ça te monte à la tête d'être le maire de ce trou ! Tu crois que tu vaux mieux que moi ? Et tout ça pour impressionner une garce... Pathétique !

— À ta place, je me tiendrai à carreau... un bon moment...

Alex plante Pierre sur le port, quelques habitants ont capté des bribes de conversation ; de toute façon, tout le monde sait que les deux frères ne se supportent pas... Qu'il faudrait un miracle pour qu'ils s'entendent de nouveau, puisque même la mort de Guy ne les a pas rapprochés.

En rentrant de la mairie, excédé, Pascal croise Emma qui saute de son vélo pour se jeter à son cou.

— Je viens de voir papa, il est en auto ! Je n'ai pas le temps, je cours...

Et elle enfourche de nouveau sa bicyclette pour filer au magasin. Dès qu'elle pose pied à terre pour courir à la rencontre de Marco, elle entend une dispute dans la cuisine, elle avance pour écouter, se plante dans la porte.

— On ne se partagera pas Emma comme un trésor de guerre ! crie Béa. Pour l'instant, elle vit ici, avec moi, avec sa famille et ses amis. Tu ne vas quand même pas l'arracher à tout ça !

— Tu ne dis jamais que ce qui t'arrange ! Je ne laisserai pas ma fille à quelqu'un qui n'est pas capable de s'occuper d'elle... Je suis au courant pour l'incendie!

Emma ose un pas, la dispute s'arrête à l'instant ; la petite fille saute dans les bras de son père, Marco l'étreint, fou de bonheur.

— Ma chérie jolie, mon petit ange tombé du ciel... Tu m'as tellement manqué.

— Papa, tu sais, l'incendie... c'est moi qui l'ai allumé... je repassai un jean pour m'amuser et j'ai oublié le fer... Maman a dit que c'était elle pour pas qu'on m'embête.

Pâle et stupéfaite, Béa dévisage sa fille, incapable de parler ; le visage de Marco exprime le doute, mais Emma change de sujet.

— Tu es revenu vivre avec nous, papa ?

— Non, ma chérie. Je suis désolé de t'avoir fait de la peine, je ne voulais pas, pardonne-moi... mais j'aimerais bien que tu viennes passer quelques jours avec moi, à Nice... Tu veux bien ?

Emma ne répond rien, regarde sa mère qui, après un silence, se contente de dire :

— Vas-y, ma chérie, si ça te fait plaisir.

— Je passe te chercher demain. Tu vas voir, c'est une grande maison, avec un jardin ; ça va te plaire, j'en suis sûr. Nous pourrons faire plein de choses ensemble.

Il embrasse sa fille, fait un pas vers Béatrice, qui recule et se détourne.

Quand le réveil sonne, le lendemain, à sept heures trente, Béatrice peine à s'éveiller, arrête la sonnerie d'un geste lent. Les effets des calmants sont longs à se dissiper. Les paupières lourdes, elle entre dans la chambre de sa fille.

— Emma, ma chérie, papa ne va pas tarder à arriver, réveille-toi.

Pas de réponse, pas même un grognement... Béa s'approche,

inquiète, le lit est vide ; intriguée, elle s'apprête à descendre à la cuisine quand elle remarque, en évidence sur le petit bureau, une lettre calée avec une grosse paire de ciseaux. Affolée, elle s'en empare.

« *Maman. Je ne veux plus que papa et toi vous vous battiez pour moi.*

Je vous aime tous les deux, pour toujours. Emma. »

Le souffle coupé, Béa tient en tremblant le papier, craignant de comprendre… Toujours en chemise de nuit, elle ne sait par où commencer, elle téléphone à sa mère, à Marie, à Marco enfin, qui prévient les gendarmes. Tous prennent la fugue très au sérieux. À l'âge d'Emma, on ignore les demi-mesures, elle risque de mettre sa vie en danger. Carla interroge longuement Levo, qui sait mieux que personne les endroits préférés où Emma peut avoir choisi de se réfugier ; d'après lui, il faut commencer par chercher du côté des falaises. L'adjudant Bellet dirige la battue, méthodiquement, suivi comme son ombre par Marco, aussi inquiet que Béa, simplement vêtue d'un jean et d'un gilet de coton hâtivement enfilé. Mais la côte regorge d'anfractuosités rocheuses, de sentiers souvent abandonnés aux ronces, de petites criques seulement accessibles par la mer. Une foule d'anonymes rejoint le noyau familial, hélas, la première zone explorée ne donne rien. Marie réconforte Levo :

— Ne t'en fais pas… Elle aurait pu être là, on a eu raison de t'écouter… mais ça aurait été incroyable qu'on la retrouve du premier coup… Je vais appeler Alex pour qu'il vienne nous aider.

Levo hoche la tête, continue de fouiller les broussailles avec un bâton de fortune. Émue, Marie le regarde, elle hésite un instant avant de composer le numéro sur son portable.

À la mairie, Alex, en pleine réunion avec Nils, regrette amèrement d'avoir accordé sa confiance à ce parvenu avide de vengeance et qui, le doigt posé sur un plan de la commune, s'enflamme en parlant de ses projets :

— Dans cette partie-là, à proximité du littoral… C'est du premier choix. Cela fait quinze ans que j'ai tout dessiné dans ma tête. Cette marina va enfin réveiller Saint-Circe, elle sera son cœur battant, comme un nouveau poumon pour toute la région… Je la veux en matériaux du pays, riche et raffinée, comme un havre de paix et de plaisir… Je suis sûr qu'elle attirera une nouvelle clientèle parisienne et internationale qui, jusqu'à présent, nous a fait cruellement défaut.

— Vous la voulez comme ci, comme ça, mais vous délirez, mon pauvre ami ! Vous rêvez tout haut !

— Les grands bâtisseurs sont toujours des rêveurs !

— Quand ils gardent les pieds sur terre ! Vous oubliez que les terrains du littoral sont inconstructibles.

— Je n'oublie rien… Vous le savez mieux que personne. J'implanterai mes constructions en retrait de la mer, dans un nid de verdure. Évidemment, si Carla Valbonne acceptait de me céder ses friches…

— Elle ne vendra jamais et ne comptez pas sur moi pour la convaincre.

Lorsque le portable d'Alex sonne, il prend immédiatement l'appel.

— Marie ? J'arrive tout de suite.

Il jette un regard froid à Nils.

— Excusez-moi, je n'ai plus le temps, une affaire urgente…

— J'espère que nous reprendrons rapidement cette discussion car…

Alex n'écoute pas la fin de la phrase, se précipite pour grimper dans son 4 × 4 et voler au secours d'Emma ; Nils reste assis dans une des chaises installées face au bureau du maire, à réfléchir à la suite des événements. Il se lève, s'installe dans le fauteuil d'Alex et compose un numéro de téléphone.

— Sergueï ? C'est moi, je dois te voir, vite, pour affaire…

Sur les falaises, des dizaines de personnes crient le nom d'Emma, en vain. Pourtant, un petit groupe fouillant des coins herbeux entend un éboulement à mi-chemin d'une sente escarpée. Alex, lui aussi, prête l'oreille, s'approche et remarque, en contrebas, Emma errant au bord d'un ravin surplombant la mer. Elle cherche une issue en pleurant, ses mollets saignent, elle s'est blessée sur les épineux du chemin. L'écho renvoie les appels venus d'en haut, Emma reconnaît les voix de Levo et de Marie, elle lève la tête, les aperçoit sur un autre chemin et part en courant ; Alex a vu la scène et tente d'accélérer le pas pour rattraper la fugueuse affolée. Elle s'engage sur un sentier de plus en plus étroit, Alex manque de la rattraper, mais s'arrête brusquement. Un grognement perce un épais taillis : Flavia, sa louve, ne semble pas le reconnaître, il a beau l'appeler doucement, la bête continue de montrer les dents… Alex rebrousse chemin, rejoint Marie qui, à l'instant, les yeux plantés sur Emma, lui demande de faire attention, elle n'a pas vu le vide, à deux pas, et sa peur est telle qu'un rien suffirait pour qu'elle tombe et se tue… Emma, le regard absent, n'écoute pas, mais Marie continue de lui parler, tendrement :

— Emma, ma chérie… Viens, je t'en prie… tes parents sont fous d'inquiétude… Pense à eux, et à moi qui t'aime…

— Je ne veux plus qu'ils se battent à cause de moi. Je voudrais que tout soit comme avant, qu'on reste tous les trois… ensemble…

— Ils sont tellement inquiets, Emma. Approche, donne-moi la main. Ils ne méritent pas ce que tu leur fais. Ils t'aiment plus que tout. Je te jure que les choses vont s'arranger. Je te le promets.

À la fois terrifiée par le vide proche et remuée par les paroles de Marie, Emma hésite, tout son corps tremble ; elle fixe sa tante un moment, ose un pas et se jette dans les bras de Marie, qui l'enlace longuement.

— Calme-toi, ma chérie, c'est fini...

Des cailloux roulent dans la poussière, Marco dévale le sentier en courant, il étreint sa fille.

— Mon cœur chéri, pardonne-moi ! Jamais plus je ne te forcerai à quoi que ce soit... Tu viendras à Nice quand tu voudras. Tu décideras, d'accord ?

Près de Marie, Alex se remet de ses émotions.

— Mais qu'est-ce qui s'est passé tout à l'heure avec le loup ? demande-t-elle.

— Avec Flavia ? Je ne sais pas. Elle ne m'a pas reconnu. Je crois qu'elle s'est sentie menacée, comme si j'étais un étranger...

— Et ça te surprend ?

— Oui... je sais. Pense ce que tu veux, ça n'a plus d'importance... pour moi.

À quelques pas, Pascal a saisi des bribes de l'échange, il regarde Marie, inquiet de l'attachement qu'elle porte à ce rival, soucieux de constater qu'en dépit de son amour, elle saute sur la moindre occasion pour parler avec lui.

Épuisée par sa fuite, Emma s'est endormie sur le chemin du retour. Marco l'a portée jusqu'à son lit. Dans la cuisine, Béa attend, plus reconnaissante que prête à reprendre les hostilités...

— Je ne veux plus que nous la fassions souffrir. Elle paye pour nous...

— C'est ma faute, Béa, j'ai agi comme un chien fou... Je m'en veux. Pardonne-moi, si tu peux.

— Si seulement nous pouvions retrouver le respect que nous

avions l'un pour l'autre. Je n'en demande pas plus. Moi aussi, je t'ai détesté... pour tant de raisons. Seule à chercher un sommeil qui ne venait pas, j'ai tout repassé dans mon esprit, en cherchant la cause de tant de souffrance. Dis-moi... Tu crois que nous nous serions quand même séparés... sans Sylvie ?

— Oui... nous avons vécu dix ans ensemble, en concubins ; nous avons décidé de nous marier, notre petite fille était folle de bonheur d'être avec nous... Mais moi, avoir un anneau au doigt, du jour au lendemain, me sentir uni à vie, aux yeux de la loi, de la famille... je me suis mis à étouffer, mon existence était tracée d'avance, sur des rails, j'avais l'impression que plus rien ne m'arriverait. Sylvie a été un détonateur ; elle m'a permis de faire une croix sur une vieille peur, la peur d'être un homme responsable... Je ne te l'ai pas dit, mais je ne suis plus avec elle ; elle ou une autre, qu'importe d'ailleurs. Elle s'est trouvée sur mon chemin au moment où j'allais mal avec moi-même, j'ai bêtement cru qu'elle m'aiderait à devenir autre... Ça devait arriver, je devais passer par là, par cette épreuve, pour arriver à me connaître, à découvrir que ce que je prenais pour une prison allait me libérer, que le mariage n'est pas une condamnation. Tu n'es pour rien dans ce qui s'est passé. Tout ce que je veux, aujourd'hui, c'est que tu sois heureuse... et Emma aussi. Si tu acceptes d'effacer l'ardoise, je crois que nous pouvons reprendre là où nous nous sommes arrêtés... quand nous étions heureux.

Béa sourit, hoche la tête, émue par cette confession qui, petit à petit, se transforme en déclaration d'amour ; touchée par l'honnêteté de Marco, elle pose sa tête contre son épaule, et, sans un mot, accepte de reprendre une vie commune, en plaçant le long et douloureux épisode « Sylvie » entre parenthèses.

20.

Patient et déterminé à faire aboutir ses plans, Nils attend le retour d'Alex, installé dans le bureau du maire ; un de ses associés l'a rejoint. Quand Alex ouvre la porte, il s'étonne :

— Vous êtes toujours là ? Et lui, qui c'est ? dit-il en désignant un petit homme chauve et gras, engoncé dans un costume croisé.

— Je te présente un ami, Sergueï Novgorod.

Alex fronce les sourcils, il sait l'emprise de la mafia russe dans le midi de la France et combien ce genre d'homme d'apparence anodine peut être dangereux.

— Bonjour… Je suis désolé, je n'ai que peu de temps à vous accorder…

— Nous allons faire court. Sergueï séjourne à Monte-Carlo, il a accepté de faire un saut à Saint-Circe spécialement pour te rencontrer. Il veut investir dans mon projet.

— En effet, dit avec un fort accent l'homme avachi sur sa chaise, je représente un groupe ukrainien qui investit dans des hôtels de standing, à Beyrouth et aux Caraïbes… La Riviera française est une de nos priorités, nous n'avons pas l'intention de passer à côté d'une aussi belle affaire.

— J'ai réfléchi à ce que tu me disais tout à l'heure, mon cher Alex… Le problème Valbonne, Carla et ses terrains, et je crois avoir trouvé un moyen pour la contraindre à…

— Excusez-moi, monsieur Novgorod, interrompt Alex, puis-je vous demander de nous laisser seuls un instant ?

Bien que surpris, le Russe ne laisse rien paraître, s'extirpe lourdement de son siège et sort du bureau.

— Écoutez, Nils, je vais jouer cartes sur table. Renvoyez ce type où vous l'avez trouvé. Je ne discuterai pas avec un mafieux… Je me fais bien comprendre ?

— Les grands mots ! Un peu de bon sens, voyons, ce n'est pas parce que Sergueï investit dans l'hôtellerie de luxe et les casinos que…

— … qu'il n'est pas pourri jusqu'à l'os ! Je ne suis pas si bête que vous semblez le croire. Vous pouvez oublier votre marina et tout le reste ! Je ne suis pas devenu maire pour blanchir votre argent sale.

— Et moi, répond Nils avec agressivité, je n'ai pas soutenu, et largement, ta campagne électorale pour le seul plaisir de coller des affiches ! Je n'ai pas une tête à financer sans contrepartie !

— Si vous avez cru que je serais un homme de paille, vous avez fait un mauvais calcul, ou un mauvais pari ! Vous en serez pour vos frais !

— Mon petit Alex, je n'ai absolument pas l'intention de laisser passer la chance que m'offrent les Russes. Alors un conseil, ne me mets pas de bâtons dans les roues, sinon…

— Sinon quoi ? J'en sais suffisamment pour vous envoyer à l'ombre un bon moment ! Je suis au courant des arrangements que vous aviez avec mon père avant de le balancer à la police…

Je pense que la justice serait intéressée par mon histoire! Qu'en pensez-vous? Maintenant que je suis maire, tout peut aller très vite.

— C'est une déclaration de guerre?

— Non… la première sommation.

— Tu me déçois beaucoup. Je te croyais intelligent, ambitieux… Si tu le prends comme ça, je préfère m'en aller mais… tu me reverras, d'une manière ou d'une autre. Mon pauvre Alex, tu es inconscient, tu joues avec le feu, ne t'étonne pas si tu te brûles!

Nils sort en claquant la porte. Alex oublie vite les menaces mais pas les leçons, les intentions de Nils sont claires comme de l'eau de roche, et, sous l'impulsion d'un sentiment fraternel, il décide de tenir Pierre au courant.

Le lendemain après-midi, il le rejoint aux carrières. Depuis peu, les explosions s'espacent, la poussière, moins dense, ne sature plus l'air chaud.

— Si tu viens pour me remonter les bretelles, je te préviens, je…

— Ne t'inquiète pas… Je voulais juste te dire que Nils a enfin abattu ses cartes : il veut le domaine Valbonne! Il ne faut pas être très malin pour comprendre que nos terrains l'intéressent aussi. Ce qu'il espère, c'est la mainmise sur la région, et sans partage. Son plan est simple : profiter de ce que je suis maire, grâce à son argent, pour abuser du droit communal de préemption et faire construire des complexes sur des parcelles rachetées par Saint-Circe…

— Je le savais… ou plutôt, je m'en doutais… Il m'a bien eu, le salaud! Il m'avait promis les carrières, dès que tu serais maire et, à la place, il a casé Melvil…

— Oui, mais là, il a raté son coup… Parce que Melvil n'est

pas à sa botte, il n'est pas homme à recevoir des ordres d'une pareille ordure, même si c'est son cousin ! Tu es mon frère et, malgré tes… disons, tes excès, je préfère que tu saches tout ; maintenant, c'est moi qui tiens Nils. Il va payer. Je vais faire ouvrir une enquête, ses jours de liberté sont comptés. Tu sais… moi aussi, j'ai fait des erreurs, j'ai même été injuste avec toi… Mais nous sommes nés frères et nous le resterons.

Alex prend Pierre par les épaules et le serre contre lui ; ils n'avaient pas été ainsi depuis longtemps, proches et complices. D'un seul geste leurs différends s'effacent. Ne demeure que leur commun attachement et leur désir de voir Nils dans l'incapacité de nuire. Soudain, Pierre, attiré par un bruit, un mouvement qui soulève un nuage de poussière, s'écarte pour mieux voir.

— Un type… là, qui nous surveillait…

— Tu es sûr ? Où ?

— Là-haut, sur le plateau ; je me demande ce qu'il…

Et il se lance à la poursuite de l'inconnu, mais, réalisant vite qu'il ne parviendra pas à le rattraper, il rebrousse chemin. Son regard s'arrête sur une traînée de fumée qui se déplace le long du sol, à quelques mètres d'eux, se lève vers Alex qui approche.

— Alex, non ! Attention !

Et, avant qu'il comprenne ce qui se passe, Alex est plaqué à terre par Pierre qui le protège de son corps. Une explosion retentit, suivie d'une déflagration et d'une chute de pierres. Un gigantesque éboulement vient s'écraser sur les deux frères, Pierre sur Alex, comme un bouclier protecteur.

— Mais qui a foutu un détonateur là-bas ? Je n'ai pas donné d'ordre ! s'écrie Melvil, depuis l'autre côté des carrières.

Et soudain, il prend conscience qu'un mauvais coup s'est produit, et court vers les volutes de poussière dense ; il peine à y voir clair, un mouchoir plaqué sur la bouche et le nez… Quand il découvre les corps, il se précipite, tombe à genoux, dégage un bloc de pierre qui écrase les deux frères. Alex est conscient, mais sérieusement atteint, il ne parvient pas à se lever, il bascule le corps de Pierre sur le côté, rampe sur les coudes, s'approche de l'oreille ensanglantée de son frère, lui parle, puis le secoue. Melvil pose sa tête sur la poitrine de Pierre. Le cœur ne bat plus. Quand il se redresse, en silence, Melvil regarde Alex droit dans les yeux, sans prononcer une seule parole. En un éclair, Alex comprend qu'il est trop tard, que son frère a donné sa vie pour sauver la sienne… Des larmes coulent sur ses joues, il peut à peine parler, ne réussit qu'à gémir :

— Pierre… non… Reviens… Pierre…

Melvil pose une main sur l'épaule d'Alex, pour lui faire comprendre que, quoi qu'il fasse, il est trop tard et que, maintenant, il doit se soigner.

— Ne bouge pas… Reste le plus immobile possible. Je reviens, j'appelle les pompiers, pour toi… et pour lui…

Jusqu'à l'arrivée des secours, Alex garde son frère dans ses bras. Il le dévisage, et, devant ce regard grand ouvert et vide, accepte l'horreur et doucement ferme les yeux de celui qui vient de l'arracher à la mort…

À l'arrivée des secours, Alex que la douleur physique cloue au sol refuse d'être séparé de Pierre, un pompier arrive à le convaincre, on emporte le corps. Sur le chemin de l'hôpital, un médecin l'ausculte, jambes brisées, contusions multiples, traumatisme crânien, il s'évanouit, ne s'aperçoit pas que, dès son arrivée, on le transporte en salle d'opération. Aussitôt prévenue par Melvil, Marie accourt, accompagnée d'Agnès. Alex est au bloc, il faut patienter de longues heures à macérer dans l'angoisse avant qu'enfin le chirurgien apparaisse. Il prend la main de Marie qui, aussitôt, comprend que tout ne s'est sans doute pas passé pour le mieux.

— Ses jours ne sont pas en danger, mais… nous avons un problème, ou plutôt, une complication. Il est tombé dans le coma pendant la phase de réveil. C'est un accident de réanimation, vous savez combien cette phase est délicate, docteur… on ne parvient pas à trouver la cause exacte… Excusez-moi, j'y retourne. Évidemment, les prochaines vingt-quatre heures seront décisives. Mais il a malgré tout plus de chance que son frère… Pierre Lantosque est décédé, sur les lieux de l'explosion.

Le chirurgien disparaît derrière des portes battantes ; Marie se retourne vers Agnès, qui panique également.

— Tu crois qu'il va s'en sortir ?

Marie ne répond pas, s'effondre dans les bras de sa sœur, le choc est aussi terrible pour elle : elle apprend d'un coup que Pierre est mort et que la vie d'Alex ne tient qu'à un fil… Après un long silence, elle demande à sa sœur :

— S'il te plaît, va prévenir Pascal, moi, je n'en ai pas la force. Et dis-lui que je vais rester ici cette nuit…

Aux carrières, les gendarmes examinent le périmètre de l'explosion et ne tardent pas, grâce au témoignage de Melvil, à constater qu'il ne s'agit nullement d'un accident. Et, devant la gravité des événements, Melvil n'hésite pas : bien qu'il soit son cousin, il raconte tout ce qu'il sait des activités délictueuses de Nils, le mafieux, maître de la région. L'attentat, c'est bien dans son genre…

Alors que Marie veille Alex inconscient en regardant tantôt son visage tuméfié, tantôt les instruments de mesure qui relèvent ses paramètres vitaux, elle songe au drame qui vient de frapper, une fois encore, les Lantosque. Elle prend la main inerte du malade, cherche ce qu'elle pourrait lui dire. Mais, incapable de prononcer un mot, elle fond en larmes. Son naturel reprend le dessus, elle se ressaisit.

— Alex… Je pense à tout ce que nous avons pu inventer pour nous faire du mal… Mais là… tu ne sais pas ce que je donnerais pour que tu me reparles, même un court instant. Pour que tu reviennes… Alex, je t'en supplie, j'ai besoin que tu vives… J'en ai tellement besoin !

Marie aimerait parler encore, mais le cœur lui manque ; elle sort de la chambre pour aller téléphoner à Pascal.

— Oui, mon chéri… Ça me fait du bien d'entendre ta voix. Il est toujours dans le même état. Cette nuit va être si longue… Je sais que je te manque… Seulement, malgré tout ce qui s'est passé avec Alex, je tiens à lui, c'est un ami d'enfance, je le connais depuis toujours. Mais rassure-toi… je t'aime.

Alors que Pascal s'inquiète, Marie, appuyée contre un mur du couloir, regarde passer devant elle un infirmier ; son attention est attirée, machinalement, par les chaussures de l'homme en blanc… Pourquoi porte-t-il des bottes boueuses ? Elle coupe court à la conversation, avec ce qu'il faut de tendresse pour que Pascal soit tranquille, et suit, guidée par son intuition, ce faux infirmier.

L'inconnu disparaît à l'angle d'un couloir, Marie accélère le pas et, pénétrant dans la chambre où repose Alex, le surprend en train de débrancher l'assistance respiratoire. Elle se jette sur l'agresseur en hurlant, il la jette à terre et prend la fuite, bousculant dans sa course un infirmier venu de la chambre voisine…

La police, déjà alertée par les conditions étranges de l'explosion, prend le témoignage de Marie très au sérieux. Un avis de recherche est délivré contre Nils. Il ne faudra guère de perspicacité aux enquêteurs pour deviner que le commanditaire des attentats et de la tentative d'assassinat tente de prendre la fuite vers l'étranger, non par la route, mais par les airs. Alors qu'il s'apprête à embarquer à l'aéroport de Nice, sur une piste privée, à bord d'un avion de tourisme, Nils est arrêté par un inspecteur de la brigade de répression du banditisme, sans réelle résistance de sa part. Il a fini de nuire.

À l'hôpital, Marie, fidèle au poste, s'est endormie dans le fauteuil installé près du lit du malade. Alors que l'infirmière change une perfusion, Alex ouvre les yeux, regarde autour de lui, l'air perdu, déboussolé, et, recouvrant lentement sa conscience, parvient à dire :

— Mais Pierre ? Où est-il ?...

Ni l'infirmière ni Marie ne répondent, et, dans l'instant, Alex se souvient du drame, de son frère mourant dans ses bras. Déjà, il referme les yeux d'épuisement, accablé autant par la douleur de son deuil que par la souffrance qui lui brise le corps. Le chirurgien entre dans la chambre, sans frapper, et à voix basse demande à Marie de le suivre dans son bureau.

— Vous voyez là, docteur, dit-il en désignant des radios, les fractures très nettes, et malheureusement très rapprochées ; la rupture des ligaments intervient hélas au niveau de l'articulation... Honnêtement, je suis perplexe. Et, à vous regarder, je comprends vos craintes, ce sont les miennes. Il peut remarcher, oui, mais il n'a qu'une chance sur deux. De toute manière, cela varie tellement d'un individu à l'autre... Il est marié ? Il a quelqu'un dans sa vie ?

Marie, incapable de répondre, se contente de faire non de la tête.

— Je vois... reprend le chirurgien, comme vous le savez, le succès de la rééducation dépend beaucoup de sa volonté, du mental, comme disent les sportifs. Quoi qu'il en soit, ce sera long, difficile, douloureux…

— Je comprends, mais il ne sera pas seul.

— Sans votre présence d'esprit, il serait mort. J'ai croisé jadis Jacques Nils dans des mondanités. On m'a raconté beaucoup de choses sur lui et pas des meilleures… Mais de là à m'imaginer qu'il était criminel au point de vouloir tuer un malade ! Dans la presse de ce matin, son arrestation fait la une. Affaire classée, dit-on. Vous êtes à bout, docteur, je n'ai pas de conseils à vous donner mais vous devriez rentrer chez vous. Si vous êtes épuisée, vous ne serez d'aucun secours à monsieur Lantosque…

En sortant, désespérée, du bureau du chirurgien, Marie tombe sur Pascal qui l'attend dans le couloir.

— Je te ramène, chérie ? Tu as l'air à bout de fatigue.

Appuyée sur l'épaule de son mari, Marie quitte l'hôpital pour quelques heures.

— Tu vas me demander pourquoi je passe autant de temps à son chevet… Je te l'ai déjà expliqué, il n'a plus personne.

— Oui, je comprends, mais n'en fais pas trop. Toi aussi, tu as besoin de te reposer, et de te changer les idées. Je t'invite à déjeuner sur le port. Les huîtres te feront le plus grand bien… Ah, j'oubliais, Varnier a appelé, plusieurs fois. Je lui ai dit que tu essayerais de le joindre ce soir.

Impatiente de connaître l'avancée des recherches sur la plante de Circé, Marie téléphone du portable de Pascal.

— Oui, les résultats sont prêts… Je voulais vous envoyer le dossier, mais puisque je vous tiens. À première vue, avec onze pour cent de salicine, les vertus analgésiques sont indéniables, il n'est pas étonnant que votre plante agisse sur la fièvre… comme une bonne infusion ; en revanche, pour ce qui concerne de possibles propriétés thérapeutiques contre le paludisme, rien ne confirme son efficacité… Vous êtes sans doute déçue, mais, que voulez-vous, c'était à prévoir. Les risques du métier en somme…

— Oui, je sais, tout cela n'était pas très rationnel, mais enfin… merci pour tout, à vous et à votre assistante…

Dès qu'elle raccroche, le téléphone sonne de nouveau.

— Levo ! comme ça me fait plaisir de t'entendre ! Tu as des nouvelles de ton frère ? C'est formidable ! Il débarque au Havre dans trois semaines… Il va être fou de bonheur ! Ah, je ne sais pas s'il te prendra avec lui tout le temps, il est marin. Mais toi, qu'est-ce que tu préférerais ? Être avec lui quand il est à terre et rester au domaine, avec Carla… et avec moi, oui, quand il part en mer pour de longues traversées… C'est une très bonne idée, très sage… La même que lui ! Alors, tout va bien… Je passerai te voir demain, je ne sais pas exactement à quelle heure, mais c'est promis, je ferai un saut.

— Si ça continue, nous n'arriverons pas à être tranquilles un seul instant ! maugrée Pascal.

— Pour une fois, ce n'est pas une mauvaise nouvelle ! Tu devrais te réjouir. Pour ce soir, je coupe tout… je parle du téléphone ! Un plateau de fruits de mer et au lit, mon chéri ! Demain, je retournerai voir Alex, sans moi, il n'aura pas le courage nécessaire pour se battre, la vie ne l'épargne pas, tu avoueras…

Pascal ne répond rien, ne sachant comment faire comprendre à Marie que son charisme, son sens du dévouement risquent de nuire à l'harmonie de leur couple… Pas la peine de l'évoquer, elle refuserait de comprendre, sous prétexte qu'aimer n'est pas appartenir à un seul, mais s'ouvrir et se donner à ceux qui en ont besoin…

21.

Dès le lendemain matin, Marie retourne voir Alex, toujours très fatigué, le regard presque sans vie.

— On m'a raconté que je te dois la vie. Je me demande si tu as bien fait... Je crois que j'aurais préféré en finir, une fois pour toutes. Pierre est mort à ma place. Et à cause de moi. Je savais que Nils était un type dangereux et, dans mon inconscience, j'ai cru que j'aurais le dernier mot... Tu avais raison, je suis faible, le piège s'est resserré sur moi sans que je m'en aperçoive.

— Ne parle pas comme ça, Alex. Personne ne pouvait s'imaginer de quoi ce type était capable. Ce qui compte maintenant, c'est toi. Et jamais je ne t'abandonnerai.

— Il y a longtemps que tu m'as quitté. Par ma faute.

— C'est faux. Je suis toujours là, comme tu vois. J'ai parlé au chirurgien, l'opération s'est bien déroulée et...

— Je t'en prie, je ne suis pas bête... je sais que je ne suis pas près de regrimper aux arbres ! De toute façon, maintenant, ça m'est égal. Mes jambes sont le cadet de mes soucis. Je me sens… je suis dégoûté de tout.

— Tu ne vas pas recommencer avec ton défaitisme!… Si tu ne crois pas en toi, en ta guérison, je ne te serai d'aucune utilité.

— C'est gentil de ta part d'être venue, mais je ne veux pas que tu me prennes en charge. Si tu veux me rendre un dernier service, ne viens plus…

Il tend la main vers la table de chevet, prend une enveloppe.

— Pourrais-tu passer à la mairie, déposer ce pli, il faudrait le lire au prochain conseil municipal. Lis, tu comprendras.

Marie ouvre l'enveloppe non cachetée et lit :

« Chers amis. Étant dans l'incapacité d'exercer mes fonctions, je serais sincèrement heureux que Béatrice Valbonne me remplace à mon poste de maire, si elle accepte. Elle a toute mon estime et toute ma confiance. Merci à tous pour vos témoignages de soutien. Alex Lantosque. »

— Je ne sais quoi te dire… Tu as sans doute pesé le pour et le contre. Je pense que Béa ne refusera pas de te succéder, mais tu démissionnes un peu vite, ne réagis pas comme si tout était joué d'avance. Je déposerai ton mot et je t'appellerai pour te donner la réponse de Béa. Allez, repose-toi…

Alors qu'Alex s'abîme déjà dans ses pensées, Marie, le cœur serré, quitte la chambre pour ne pas le fatiguer davantage; elle n'a volontairement pas rebondi sur la prière d'Alex… ne plus revenir. Elle n'a nulle intention de le laisser sombrer, elle sait — pour le connaître depuis si longtemps — qu'il n'a pas les ressources suffisantes pour lutter seul, son naturel sauvage le porte à se renfermer, à se replier sur son mal ou sur ses problèmes; en aucun cas, Marie ne supportera de le voir baisser les bras, ce serait accepter la défaite, renoncer sans se battre. Alex a besoin d'aide et de soutien, elle seule peut les lui apporter et, même si, dans un premier temps, il refuse tout en bloc, elle sait qu'il finira par se laisser convaincre, à la longue, à l'usure… Mais, à ce moment précis, Marie s'engage dans un autre combat dont elle ne mesure pas encore l'enjeu : faire comprendre à Pascal que ce qu'elle donne à Alex n'est rien d'autre qu'une profonde amitié, un secours qu'elle ne peut lui retirer parce que, sans elle, il est en danger.

Pascal, bien qu'il ne soit pas particulièrement jaloux, commence à regarder d'un mauvais œil les longs après-midi que Marie passe au chevet d'Alex. Il ne sait plus quoi inventer pour attirer l'attention de sa femme et la retenir près de lui. Grâce à l'intervention de Béa, qui a accepté la proposition d'Alex et levé l'interdiction municipale, les ateliers d'Abyss ont repris leurs activités ; la « piscine » où reposent les statues antiques est de nouveau pleine. Une eau noirâtre empêche de voir distinctement les contours immergés. Pascal invite Marie à venir voir la remontée des merveilles marines, débarrassées des scories qui les recouvraient.

— Nous allons enfin voir à quoi elles ressemblent, dit-elle.

Pascal donne l'ordre de mettre en marche les élévateurs, les filins s'enroulent lentement autour d'une poulie, de la marinade commencent à sortir deux sommets de crâne, deux visages patinés par le temps et les acides, celui d'un guerrier, selon toute apparence, et celui d'une femme, et, bien que les deux statues n'aient qu'un bras, elles sont d'une incroyable beauté. Le bain rénovateur les a décapées, régénérées, elles apparaissent dans leur splendeur presque originelle, impressionnantes et majestueuses.

Alors qu'il espérait passer un moment exceptionnel uniquement en compagnie de Marie, celle-ci n'a pu s'empêcher de prévenir Carla, Levo, un journaliste régional et même un ancien ami de son père, le professeur Véran, spécialiste en archéologie antique.

— Mon Dieu, que c'est émouvant ! s'exclame Carla en regardant les statues émerger. Je continue cependant de penser que ce ne sont pas Mars et Vénus, mais Ulysse et Circé.

— Mais, reprend le journaliste, sur quel élément vous fondez-vous, madame, pour avancer cette hypothèse ?

— Sur l'histoire de notre région, tout simplement. D'après une ancienne tradition orale, Circé la magicienne aurait vécu ici, dans notre village.

— Mais qu'en pense un historien ? Votre avis, professeur Véran ?

— Je me garderais d'être aussi catégorique. Avant de se prononcer, il faut procéder à un examen approfondi des statues, de leur facture, analyser un fragment de bronze... D'après moi, on peut cependant les dater du Xᵉ siècle avant notre ère, peut-être moins. Tout devra être vérifié scientifiquement, ajoute-t-il en lançant un regard ironique à Carla. Mais je ne manquerai pas d'étudier votre hypothèse, madame, même si, à première vue, elle me paraît hasardeuse.

Bien que Marie soit extrêmement touchée par le geste de Pascal qu'elle interprète comme un signe d'amour, elle est irrémédiablement attirée par cette chambre d'hôpital où Alex lutte contre lui-même... Quelques heures après la renaissance des statues, elle s'éclipse.

Depuis le couloir de l'hôpital, elle entend Alex vitupérer contre le kinésithérapeute :

— Laissez-moi, je vous dis ! Ce n'est pas la peine ! Mes jambes sont mortes et le resteront.

Marie intervient sur-le-champ, prend le parti du kiné :

— Pourquoi refuses-tu tout net de faire ta rééducation ?

Arrête de t'apitoyer sur toi-même, et de jouer les vaincus ! Qu'est-ce que tu veux prouver à la fin !

— Rien... Mais je croyais t'avoir demandé de ne plus remettre les pieds ici ; ça ne sert à rien. Je dispose de mon corps comme je l'entends, c'est tout ce qu'il me reste, et ce n'est pas grand-chose !

— Écoute, Alex, seule ta volonté te sauvera, et rien d'autre ! Quand j'étais en mission au Vietnam, j'ai vu des enfants se battre comme des lions pour réapprendre à marcher avec des jambes de bois ! Beaucoup avaient tout perdu, leurs parents, leur maison... Alors, quand je te vois renoncer, j'ai envie de te donner des gifles. Tu n'as même pas le courage d'un de ces enfants-là !

— Tu peux toujours parler, Marie... je ne serai pas ton héros. Ma vie est foutue ! Et pour qui me battrais-je ? Pierre et papa sont morts, je suis seul et je me dégoûte.

— C'est pour toi qu'il faut te battre, Alex, pour toi.

— Ne perds pas ton temps avec moi ! Va rejoindre ton mari, je viens de le voir à la télé, avant que tu n'arrives, le héros du jour, c'est lui. Il a sauvé deux statues de l'oubli, si ce n'est pas grand, ça !

— Arrête de persifler, je t'en prie ! Tu sais bien comme je me fous de tout cela, à côté de toi, de tes jambes... Je n'ai qu'une envie : que tu t'en sortes. Et ne me regarde pas avec cet air de chien battu. Je tiens à toi, c'est tout.

Alex ne répond rien, dévisage Marie en silence. Ce jour-là, elle décide de le suivre heure par heure, de le soutenir pendant qu'il fait, contre lui-même, l'effort de rééduquer son corps.

Le soir venu, Marie retourne au domicile conjugal ; épuisée, elle retire ses chaussures, avance pieds nus dans le salon où, tout à coup, son regard se pose sur un élément inhabituel : le grand vase de cristal posé sur la table du salon déborde de roses rouges. Elle contemple les fleurs, surprise, souriante.

— Une rose pour chaque jour écoulé depuis que je t'ai rencontrée… Pour chaque journée illuminée par ton visage. Tu me manques tellement… en ce moment plus que jamais.

Marie, bouleversée, embrasse amoureusement Pascal, dont l'étreinte se fait pressante. Bien qu'elle soit à bout de forces, elle n'ose se refuser à lui et se laisse conduire dans la chambre où il la déshabille comme pour la première fois…

— Quand tu es là, j'ai l'impression d'être comme ces statues, de renaître.

Marie élude :

— Tu sais, j'ai vu Alex cet après-midi, au centre, mais il refuse de se soigner. Je ne peux pas le laisser dans cet état, je dois l'aider…

— Il y a des médecins pour s'occuper de lui, non ?

— Ce n'est pas le problème, il se laisse couler ! Sans moi, je sais qu'il ne trouvera pas la force de…

— … de s'en sortir seul, reprend Pascal, un peu comme moi… En tout cas, lui, il a trouvé le moyen de te retenir, je n'ai pas cette chance ! Tu es trop charitable, Marie, n'y a-t-il personne d'autre pour s'occuper de lui ? Après tout, ta sœur Agnès lui doit bien ça !

— Mais elle vient de retrouver Melvil, son seul amour. Ajoute à ça qu'ils ne sont pas trop de deux pour s'occuper des carrières ; ils ne peuvent être partout… Je fais mon devoir, c'est tout.

— Bien sûr… Alors, le débat est clos.

— C'est étonnant que tu réagisses comme ça, que tu refuses de comprendre… Je te croyais plus généreux.

— Généreux ! C'est la meilleure ! Je crois tout faire pour te prouver que je le suis ! Et en plus, compatissant, patient, compréhensif ! Dans deux minutes, ce sera moi l'égoïste ! Écoute, tu fais ce que tu veux, mais ne me force pas à m'apitoyer sur son sort. Ce type n'est rien pour moi, et tu n'y changeras rien ! Perds ton temps avec lui si ça te chante, tout ce que je demande, c'est qu'il ne te fasse plus souffrir, c'est clair !

— Je préfère arrêter cette discussion, j'en ai assez, tu es obtus, entêté, nombriliste !

Marie quitte la pièce, bouscule par inadvertance la table du salon, le vase se renverse, et les roses, éparpillées sur le sol, gisent comme foulées par le dédain. Pascal en jette dans un grand sac-poubelle, avec l'impression qu'il laisse aux ordures une part de son amour… Marie, qui s'est contentée de faire le tour du jardin, rentre et demande :

— Mais pourquoi fais-tu ça ?

— Je n'ai pas envie de les voir à terre, comme notre amour…

— Excuse-moi… je suis fatiguée…

— C'est normal que tu t'occupes d'Alex, à ta place je ferais sans doute la même chose, mais j'ai peur, je ne veux pas que tout cela nous atteigne et finisse par nous détruire…

Il s'approche de Marie qui ne répond rien, conscient que cette femme qu'il tient entre ses bras est en train de lui échapper ; elle ne se doute peut-être même pas que ses sentiments parlent à sa place et dictent ses actions, que son amitié pour Alex n'est qu'un amour qui refuse de dire son nom…

Marie a tellement à cœur de sauver son « plus vieil ami », comme elle dit toujours, qu'elle demande au docteur Lodz plus de disponibilité pour se rendre régulièrement à l'hôpital. Et, chaque jour, elle retrouve Alex dans son fauteuil roulant, pour le moment aussi peu déterminé que concerné par son état, les kinés déploient des trésors de patience qui ne sont récompensés par aucune bonne volonté, la plupart du temps, ils passent le relais à Marie, que rien ne décourage.

— Tu es encore là ! maugrée Alex, et tu comptes rester combien de temps ? Tu n'as donc rien de mieux à faire ?

— Si... et d'ailleurs, si ça ne t'ennuie pas, j'ai apporté mon ordinateur portable ; les résultats chimiques de la plante de Circé ne me convainquent pas...

Marie commence à travailler, en silence, de temps à autre, elle lance un regard à Alex qui ronchonne dans son coin ; excédé par l'attitude de Marie dont il connaît l'entêtement naturel, il fait tourner son fauteuil pour sortir de la pièce.

— Tu n'en as pas assez de ce petit jeu stupide et infantile ? lui demande-t-elle, tu sais que je ne renoncerai pas, que tu finiras par suivre mes conseils.

Alex gigote, râle en levant les yeux au ciel, regarde un instant les appareils de musculation de la salle de rééducation et dit :

— Si je ne fais pas un petit effort, tu me casseras les pieds jusqu'à ce que je cède... Tu tiens vraiment à me voir faire le clown sur un de ces engins ?

— J'en rêve ! Je ne pense plus qu'à ça !

Alex lance un regard de défi et fait rouler son fauteuil vers deux barres parallèles à hauteur de hanches afin que les patients paralysés des jambes se présentent en position debout. Sans un mot, le visage barré par une grimace de souffrance, il parvient à se hisser sur les barres et commence à avancer, à la force des bras. Marie l'encourage et lui recommande de ne pas trop forcer ; pour la première journée, il n'est pas obligé d'en faire trop. Mais il veut montrer que sa volonté n'est pas éteinte et continue ; à bout de forces, il tombe d'épuisement avant d'atteindre le bout des barres.

— Ça va, ne t'inquiète pas, j'adore les chutes. J'ai même passé ma vie à ça : tomber de haut !

— Tu n'as pas perdu ton humour. Avec toi, c'est toujours tout ou rien, tu n'as plus de forces et pourtant tu insistes.

— J'espère que tu es contente, tu n'es pas venue pour rien, tu as gagné ta journée.

— Pas exactement… C'est toi qui l'as gagnée ! Demain, nous recommencerons. Je dis *nous*, parce que je souffre avec toi. Ne me demande pas pourquoi je fais ça, tu le sais… pour être heureuse ; et, pour l'être vraiment, j'ai besoin que tu le sois aussi.

Fière de cette première victoire, Marie rentre à la maison où Pascal, plus impatient que jamais, écoute à peine le récit qu'elle lui fait des exploits d'Alex. Il s'extraie de son canapé, vient se coller à elle pour l'étreindre.

— J'ai envie de toi, terriblement, dit-il avec autorité en la saisissant par le bras pour la diriger vers la chambre.

Marie joue le jeu un instant, puis essaye de contenir la fougue de Pascal, pour la simple raison qu'elle est épuisée et n'a pas envie de faire l'amour sur commande.

— Tu ne peux pas attendre un peu ?

— Je ne fais que ça depuis ce matin. Depuis plusieurs semaines, je passe ma vie à guetter ton retour, à espérer que tu sois enfin disponible !

À bout de patience, il balaie de la main les objets posés sur son bureau pour y plaquer Marie, qui se laisse faire avec réticence. Après quelques baisers volés, Pascal demande plus, tente de dégrafer la jupe de sa femme, qui s'esquive dans la cuisine. Au moment de la rejoindre, son attention est attirée par le dos d'un livre enfoui dans le sac de sa femme. Il s'empare de l'ouvrage : un ancien traité sur les loups. Il tourne machinalement la première page, la dédicace est explicite : « À toi que je n'ai jamais su apprivoiser... » Marie le surprend, il la regarde, sarcastique.

— Et maintenant, tu y arrives... à l'apprivoiser. Si je comprends tout, c'est l'heure des grandes retrouvailles !

— Mais qui t'a autorisé à fouiller dans mon sac ?

— Je n'ai besoin de la permission de personne. Tu es ma femme ; en principe, nous devons tout nous dire. Ce que tu ne fais pas.

Il jette le livre sur la table.

— Tiens, reprends ton cadeau, garde tes secrets ! Partage-les avec ton loup sauvage et indomptable !

— Ce que j'écris à Alex ne te regarde pas.

— Alors, pourquoi fais-tu autant d'histoires si tu n'as rien à cacher ? Il commence à m'emmerder, ce type ! Il est partout, dans ton sac, dans ta tête ! Tu l'as dans la peau, c'est aussi simple que ça !

— Tu ne me fais pas confiance ! C'est cela le plus terrible, tu me prêtes des intentions que je n'ai pas, tu m'accuses, tu me surveilles, mais je n'ai rien à me reprocher.

— Ma confiance ? Tu l'auras toujours, je trouve seulement que, depuis son accident, il a un peu trop le beau rôle...

— Tu es jaloux ! Sans raison. Tout ce que tu dis est méprisable. Dis-toi bien que ni toi ni personne ne pourra effacer ce qui existe entre Alex et moi, il fait partie de mon histoire et de ma vie.

— Eh bien, moi, j'en ai plein les bottes de te partager avec lui ! Je vais faire clair : si tu m'aimes, tu coupes les ponts une fois pour toutes. Notre mariage est en jeu, ou, du moins, ce qu'il en reste.

Marie ne change rien à l'ordre de ses priorités et continue de s'occuper avec ténacité du rétablissement d'Alex. Son état s'améliore de jour en jour, d'ailleurs un kiné lui confie en lui tendant une paire de béquilles :

— Vous allez bientôt pouvoir partir. Je n'irais pas jusqu'à dire que vous allez me manquer ! Mais, sans le docteur Valbonne, vous seriez encore au fond de votre fauteuil.

— Je commençais presque à m'habituer... Les petits plats, la télé, les infirmières qui vous bordent dans votre lit, j'ai connu pire...

Marie, admirative des progrès considérables qu'Alex a fait sur lui-même, réplique :

— Je prendrai le relais... les premiers temps, en tout cas.

— Non, ça ne sera pas la peine, j'ai compris, je ne me laisserai plus aller, je te le promets. Et puis, j'ai l'impression de te voler ta vie. Je ne suis pas sûr que ton mari apprécie tout ce que tu fais pour moi... À sa place, je réagirais sans doute mal.

— Mais tu n'es pas à sa place... C'est compliqué. Ce que je fais, c'est parce que j'en ai envie, peut-être aussi parce que j'en ai besoin.

Alex prend doucement la main de Marie et l'embrasse.

— Je ne devrais pas te le dire... mais je sais ce que je te dois et je suis si heureux que tu sois là. J'ai l'impression de vivre un rêve, et, en même temps, c'est douloureux...

— Tu me rends heureuse moi aussi, Alex. Et pas un instant, je ne regretterai le temps que je t'ai donné, parce que tu m'as tout rendu au centuple.

Dévoré par la jalousie, Pascal tente cependant de récupérer sa femme, avec les moyens qui sont les siens. Il propose une longue balade en mer, comme au temps de leur première rencontre. Marie accepte, plutôt mollement. Au large, alors qu'il prend le soleil, Pascal observe sa femme qui semble perdue dans ses pensées.

— Je le vois que tu t'ennuies... Ça ne te dit vraiment plus rien, les virées en mer avec moi. Il est mort le temps où tu t'exaltais. Nous ne connaissons plus l'émotion de plonger ensemble, de découvrir les secrets de ton père...

Marie ne prend pas la peine de le contredire, fixe l'horizon, absente, et, comme pour signifier qu'en effet l'heure est venue de rentrer, elle enfile un chandail. À bout de nerfs, Pascal pilote sa vedette, les yeux brillants de rage ; il se sent seul, abandonné, trahi. Soudain, il pousse la vitesse au maximum, le bateau commence à taper violemment sur la crête des vagues, les objets volent en tous sens dans la cabine. Marie s'accroche, craint déjà le pire et le rejoint en s'agrippant là où elle peut.

— Tu es devenu fou ! Qu'est-ce qui te prend ? Va moins vite, tu veux nous tuer !

— Exactement ! Tu vois le rocher en face... Si nous nous écrasons dessus, si j'en réchappe... peut-être viendras-tu me voir à l'hôpital, moi aussi !

— Tu es complètement dingue !

Le cap droit sur un récif d'où émerge un énorme rocher battu par les flots, Pascal, la main crispée sur la manette de vitesses, fonce, cheveux au vent ; Marie, paniquée, tente de prendre le volant ; violemment repoussée, elle se réfugie sous une banquette et ferme les yeux. La vedette fend toujours les flots, s'approche dangereusement des roches déchiquetées, mais Pascal donne un coup de volant, in extremis, pour éviter la collision. Ultime réflexe de survie... La violence du virage projette Marie au fond du bateau, elle s'agenouille et bondit pour maîtriser la course de la vedette et rétablir l'équilibre. Pascal regarde ses mains comme si elles n'étaient pas à lui ; le regard ahuri, il s'effondre à terre, sous le coup, conscient de sa folie. Marie ne prête pas attention à lui, diminue la vitesse, sans quitter la côte du regard.

— Marie… je ne sais pas ce qui m'a pris… J'étais dans un état second… plus moi-même…

— Un assassin, voilà ce que tu es devenu ! La jalousie te rend fou ! Qu'est-ce que tu me fais payer ? Un adultère que je n'ai pas commis ! Tu veux que je te dise, tu fais tout pour que je te trompe !

— Est-ce que tu penses à ce que j'endure depuis des jours et des jours ? C'est l'enfer, Marie… Si nous partions, rien que tous les deux, loin d'ici. Je n'en peux plus. Qu'avons-nous fait de nos rêves ? Regarde ce que notre vie est devenue… une ruine. Je veux te retrouver, retrouver ma femme… Reviens-moi, Marie, je t'aime, je t'en supplie !

— Arrête, par pitié ! Moi, ce dont j'ai besoin, c'est que tu me laisses en paix ; je veux rentrer, dormir, oublier…

— Eh bien rentrons ! J'irai me coucher, et si, par miracle, tu as encore envie de ton mari, tu me siffleras, comme un chien… fidèle !

22.

Alex se porte de mieux en mieux, marche presque normalement, si ce n'est une légère claudication qu'il corrige à l'aide d'une canne anglaise. Même si Marie continue de vivre officiellement avec Pascal, la réalité diffère puisqu'elle passe la majeure partie de ses journées en compagnie de cet amour de jeunesse qui devient, avec le temps, son seul amour... Tout Saint-Circe jase, le docteur Lodz lui-même ne sait comment dire à sa remplaçante de se méfier, de ne pas se promener ouvertement au bras d'Alex.

Il profite cependant d'un des rares moments où il peut s'entretenir avec Marie sans être dérangé pour lui parler franchement :

— Je ne te vois plus guère avec Pascal...

— C'est que nous sommes très occupés, l'un et l'autre... Et surtout, ce n'est plus ça. Nous avons été heureux ensemble, un moment, mais j'ai l'impression que c'était il y a un siècle.

— Les choses ne peuvent-elles encore s'arranger ?

— Je ne sais pas... J'ai découvert un autre homme. J'ai cru

qu'il était jaloux par amour, en fait, il vit dans la psychose d'être trahi. Et, plus que tout, il ne me fait pas confiance...

— Tu avoueras qu'il y a quand même de quoi se poser des questions ! Tout le village n'arrête pas de vous croiser, Alex et toi, bras dessus, bras dessous... un vrai couple.

— Je n'y peux rien... j'ai même arrêté de lutter, j'aimerai Alex toute ma vie...

— Tu t'es peut-être trompé d'homme... et, comme tout le monde, tu as le droit à l'erreur.

— Pascal ne mérite pas ce que je lui fais endurer, je le sais.

— Dans ce cas, ce n'est pas la peine de lui mentir ou de le ménager, ce serait lui faire encore plus de mal.

— Oui... si j'étais vraiment sûre de moi... mais tout ce que je sais, c'est que je n'arrive plus à me passer d'Alex. Il me semble que si je ne vis pas maintenant ce que j'ai passé ma vie à refuser, je le regretterai jusqu'à la fin de mes jours. Mon cœur hésite, c'est terrible... Avec Pascal, sans que je sache pourquoi, je reste sur ma faim, il me manque quelque chose ou plutôt... quelqu'un, et c'est Alex.

Lodz saisit l'ampleur du drame intime qui déchire Marie, il n'ajoute rien, elle seule trouvera, dans le secret de son cœur, la réponse susceptible de l'apaiser. Il change de conversation, parle des affaires courantes, de quelques patients... C'est Marie qui revient d'une manière détournée à sa première préoccupation :

— Ma petite sœur n'a pas ce genre de problème. Tout a été très difficile pour elle, ces changements, ces bouleversements... mais elle va mieux, j'en ai la preuve, elle vient de me confier que Mehdi, le jeune homme qui s'occupe d'un studio d'enregistrement à Nice, lui avait fait des avances... Il faut dire qu'elle est superbe, déjà femme, un charme fou. Je crois que si elle tombe amoureuse, cela l'aidera à retrouver un équilibre que la vie avait mis en péril. Elle comprendra ce que l'amour oblige parfois à faire, comme choix, volontaire ou non… En ce moment, elle respire la joie de vivre, tout est nouveau, beau, elle a sans doute l'impression de trouver le plus grand des secrets, de découvrir une merveille, comme les statues de papa, dans les grands fonds… Elle m'a dit tant et tant de choses que j'étais complètement remuée, ça peut se comprendre, non ? — Lodz la regarde en hochant la tête. — Elle s'est même réconciliée avec Agnès et Melvil. Ils se sont rencontrés par hasard sur la plage, ils ont longuement discuté, Sabine a appelé Melvil « papa », elle m'en parlait comme d'un exploit, une victoire sur elle-même… Je suis heureuse pour elle.

— Tu vois qu'il faut toujours faire confiance à la vie, elle nous conduit parfois là où nous pensions ne jamais aller. Ce qui arrive à Sabine t'arrivera, si tu te laisses porter par les élans de ton cœur…

— Je crois que vous avez raison… Je me dis souvent que sans vous, sans votre affection, je n'aurais sans doute pas choisi d'être médecin, vous avez été mon modèle… Sauf que, côté vie privée, je n'ai pas su vous imiter ! Vous êtes resté fidèle à Sarah et moi… j'ai bien du mal à ne pas céder à la tentation. Quand je vois Alex, je redeviens une adolescente ! Mais je voulais vous parler d'autre chose encore qui me turlupine… Vous savez que je m'intéresse aux vertus de l'herbe de Circé…

— Tu marches dans les traces de ta mère, maintenant !

— En quelque sorte ! Le petit Levo souffre du paludisme et maman lui a donné une de ses mixtures à base d'herbe de Circé et ça marche, plus de fièvre ! Le professeur Varnier a accepté d'entamer un protocole de recherche et, jusqu'à présent, il dit n'avoir isolé qu'un principe proche de l'aspirine… En fait, il a stoppé toute investigation pour des raisons budgétaires. Je suis sûre qu'il veut faire cavalier seul, qu'il veut tirer la couverture à lui et recueillir les lauriers. Si jamais il isole un alcaloïde susceptible de lutter contre le paludisme, non seulement je ne lui pardonnerai pas, mais je ferai un scandale incroyable !

— Ne te laisse pas impressionner, tu devrais l'appeler pour clarifier la situation et, si tu dis vrai, tu t'en rendras vite compte ; il sera gêné, confus, tu tireras les conclusions qui s'imposent.

Marie approuve l'analyse de Lodz et, après avoir pris congé de son vieil ami et confident, décide de joindre Varnier.

— Vous avez vraiment mis le doigt sur quelque chose de prometteur, docteur Valbonne…

— Mais vous me disiez le contraire il y a deux semaines !…

— Parce que je suis prudent par nature. Pour aller plus avant, il fallait convaincre un laboratoire de se lancer, et c'est là que ma présence, mon nom, ma notoriété s'avéraient indispensables…

— Vous m'avez évincée, en un mot !

— Telles n'étaient pas mes intentions. Le laboratoire Durcal, vous connaissez ? Venez y travailler avec moi. Directrice de recherche adjointe, avec logement de fonction à Genève, ça vous irait ?

— Pour moi, le but, le seul, c'est d'offrir un remède aux pays les plus pauvres, je suis médecin, pas agent de change ! Je le connais, votre labo, je ne veux pas d'un médicament réservé aux touristes pour engraisser un petit groupe d'actionnaires.

— Je pensais que vous méritiez mieux qu'un cabinet à mi-temps dans un bled paumé, au fond de la province…

— Vous ne vous en tirerez pas aussi facilement ! Je vais vous attaquer en justice et crier sur les toits quel sorte d'homme vous êtes.

Marie raccroche, furieuse et dégoûtée. Le problème, c'est que

Varnier est un gros poisson, et, avec ce genre de requin, on ne peut agir trop subtilement… Après avoir longuement cherché un plan, une idée, Marie tombe soudain sur la solution : en marchant sur le port pour se passer les nerfs, son regard tombe sur la librairie du centre, elle entre, achète *Science et Vie, Les Nouvelles de la science, L'Hebdo de la recherche, Médecine-Actualité…* Elle s'installe en terrasse et commence à décortiquer les revues, à entourer les noms des journalistes, en buvant un thé glacé. Pas une minute à perdre, elle demande à Raymond, le patron de la Civette du port, de lui donner la ligne.

— Je voudrais parler à monsieur Cabanès, du service scientifique… Oui, bonjour, Marie Valbonne à l'appareil, je suis l'assistante du professeur Varnier, de la faculté de pharmacie. Je voudrais vous convier à une conférence de presse de la plus haute importance…

Un plan simple : obliger Varnier à se démasquer en public, devant un parterre de journalistes spécialisés. Marie jubile à l'avance, coincé le mandarin ! Elle finit de boire son thé et court tout raconter à sa mère.

— Tu es plus tenace pour l'herbe de Circé que pour l'avenir de ton couple !

— Ne viens pas me casser les pieds avec ça, j'ai autre chose en tête !

— Bon… d'accord, je t'accompagnerai à Nice. Je meurs d'envie de voir la tête de Varnier !

Deux jours plus tard, dans les salons d'un grand hôtel, Varnier est au rendez-vous, persuadé que Marie vient lui donner sa réponse, sans savoir que la presse au grand complet attend une déclaration en espérant un scoop. Très surpris d'être assailli de questions, pris au dépourvu, il ne peut reculer.

— Je me suis permis de convoquer la crème du journalisme scientifique, lui lance Marie, pour que vous leur fassiez part de vos recherches sur le nouveau médicament sur le paludisme... Mais déjà, tout le monde est très admiratif que vous ayez renoncé aux bénéfices commerciaux de cette découverte !

— Vous n'avez pas... fait ça !

— Je crains que vous ne m'ayez sous-estimée, professeur... Dépêchez-vous, ils brûlent de vous entendre.

Varnier n'a pas le choix, il monte sur la petite estrade, s'assied derrière la table.

— Jean Tavel, *Médecine-Actualité.* Pourriez-vous nous expliquer l'origine de vos recherches ?

Varnier se racle la gorge, fixe Marie assise au fond de la salle.

— Je dois admettre qu'une fois encore le hasard a joué un grand rôle... mais aussi la ténacité... pour ne pas dire l'entêtement d'un jeune médecin à qui nous devons cette formidable avancée médicale... Je veux parler du docteur Marie Valbonne, ici présente...

Varnier hausse les sourcils et d'un signe de tête désigne la place de Marie, les journalistes se tournent aussitôt vers elle ; désemparée, elle serre la main de Carla, qui insiste pour qu'elle se lève.

— Docteur ? Voudriez-vous avoir la bonté de me rejoindre, s'il vous plaît, apostrophe Varnier.

Marie, peu habituée à ce genre d'exercice, s'exécute, installe une chaise près de celle du professeur, qui en profite pour reculer légèrement la sienne. Son coup de bluff fonctionne à merveille, Varnier pas un instant ne la contrarie, il reconnaît même que toute l'initiative revient à « sa confrère », que son acharnement et son intuition sont les principaux moteurs de cette fructueuse recherche. Après un brillant exposé, Marie tend une main à Varnier, comme si tout était effacé, pardonné. Elle s'accorde un délai pour donner une réponse définitive à sa proposition. Elle veut d'abord y voir plus clair... sait qu'elle ne peut s'engager sans avoir mis un peu d'ordre dans sa vie.

23.

Tiraillée par des sentiments contradictoires, Marie ne sait plus que faire. Elle hésite. De retour de Nice, elle part réfléchir sur la plage. Le bleu profond de la Méditerranée lui apportera peut-être un élément de réponse… Il est déjà presque vingt heures. La lumière décline lentement. Seule sur la plage de Saint-Circe, Marie contemple l'horizon, le léger roulement des vagues sur le rivage. Elle pense à son père, englouti quelque part au large, à Pascal qui l'a tant aidée à résoudre le mystère de cette mort.

— Il a tellement fait pour moi, malgré tout. Son amour, contrairement à celui d'Alex, n'a jamais été houleux. Avec lui, tout a été simple… Mais ce n'est pas aussi facile. Peut-être ne nous aimons-nous que depuis trop peu de temps pour savoir si tout est appelé à durer.

Devant les flots, Marie ne trouve pas la réponse à ses questions. Elle marche longuement pieds nus dans le sable humide; le soleil décline, et la chaleur avec lui. Il serait sans doute préférable d'aller voir Pascal.

— C'est mon mari, après tout ! Je ne peux le laisser comme ça, seul, sans nouvelles, l'abandonner du jour au lendemain. Il faut que tu sois bien mal, ma pauvre Marie, pour parler seule sur cette plage déserte.

Il suffit de longer la côte quelques centaines de mètres, de s'engager sur le port pour voir, de l'autre côté de la jetée, le bâtiment d'Abyss. Plus elle s'approche, plus Marie redoute de retrouver Pascal. Elle franchit le seuil, hésitante, avance sans bruit et découvre son mari, somnolent, la tête posée sur son bureau. Une bouteille de whisky presque vide gît à côté de lui. Dans ce bureau où ils se sont aimés, il y a si peu de temps, et pourtant… une éternité, Marie découvre, stupéfaite, sa photo de mariage, posée en évidence sur le bureau, complètement lacérée, découpée en filaments…

Elle le regarde. Il dort, abruti par l'alcool, sa tête repose sur son avant-bras. Il s'est coupé l'index, sans doute avec un cutter ; il a juste pris le temps d'enrouler son doigt dans un Kleenex rougi par le sang.

— Pascal ? C'est moi !

Pascal lève la tête, la contemple, hagard.

— Ah… c'est toi ! Tu es là ? Tu veux un verre ?

Marie fait non de la tête. Pascal la fixe et dit :

— Tant pis ! Je vais trinquer tout seul…

Il parle difficilement, l'esprit embrumé, tire à lui un verre sale dans lequel il verse une grande rasade de whisky.

— Tu ne crois pas que tu as assez bu ? Regarde dans quel état tu es…

— Je m'en fous… J'ai beaucoup de choses à oublier et ce n'est pas si facile.

Il avale une gorgée, allume la lampe de son bureau, jette un œil sur la photo lacérée qu'il recouvre d'un dossier.

— Elle est loin l'époque où tu me souriais quand tu me voyais. Avant, on faisait l'amour avant de s'endormir, on restait dans les bras l'un de l'autre toute la nuit et, au petit matin, tu avais encore envie de moi.

— S'il te plaît, Pascal, pas de nostalgie, dit Marie sur un ton las.

Pascal tente de se redresser, se cale sur sa chaise.

— Pas de nostalgie ! C'est tout ce qu'il me reste ! Tout est si loin…

— Ne reste pas ici, comme ça. Viens, je te ramène.

— Tu vois… Je n'ai pas tort quand je dis que tout a changé. Tu ne dis même plus « rentre à la maison »… Tu as déjà fait tes valises dans ta tête, c'est clair. Tout ce que je vois, tout ce que je sais, c'est que demain, je vais me réveiller seul dans notre lit.

— Arrête, je t'en prie…

Marie contourne le bureau, le prend par l'épaule, plutôt tendrement. Il se recule.

— Marie, je ne t'ai pourtant pas forcée à m'épouser, et encore moins à m'aimer !

Sans aucune agressivité, Marie répond tristement :

— Mais qu'est-ce que tu imagines ! Que je ne souffre pas moi aussi ? Ce qui te ferait plaisir, ce que tu as envie de croire, c'est que je suis une garce et que tu t'es trompé…

Pascal se lève de son siège, chancelle, se raccroche aux bords de son bureau.

— Les vraies garces ne cherchent pas d'excuses, ma chérie, elles n'ont même pas envie de se justifier.

Marie, blessée, encaisse mais, ne supportant plus le regard de son mari, lui tourne le dos pour se diriger vers la porte. Excédé par cette attitude, cette démission, Pascal réagit :

— Il y a cinq minutes, tu voulais qu'on rentre ensemble, et

maintenant... Je te préviens, si tu vas rejoindre ton amant, tu vas le regretter.

Mais Marie n'écoute pas, passe le seuil et s'en va.

— Marie ! Reviens ! hurle Pascal qui se précipite à la fenêtre et frappe violemment au carreau. Marie ! Tu ne me quitteras pas comme ça.

Mais, dégoûtée, se sentant insultée, incomprise, Marie ne se retourne pas et s'engouffre dans sa voiture. Elle venait pleine de bonnes intentions et repart convaincue de ne pas avoir avancé d'un pouce. Pire encore ! La situation se dégrade à vue d'œil.

Sans hésiter, elle prend la route de la maison des Lantosque. Elle se gare dans la cour, se recoiffe machinalement, ravale sa peine, et monte dans la chambre d'Alex. Depuis la mort de Guy et de Pierre, la maison est terriblement vide. Pas de lumière dans l'entrée ni dans l'escalier, un grand silence pèse sur le domaine. Sur le palier du premier étage, une lumière inonde le couloir : il est là. Elle hésite un instant, son cœur bat. Elle se ressaisit, entre et découvre Alex en train de remplir un sac de voyage ; il se retourne vers elle, l'air sombre.

— Marie ? Mais que se passe-t-il ? Tu as une drôle de tête.

— Ce n'est pas bien compliqué, je t'explique : je viens d'aller voir Pascal, il était saoul, il m'a fait peur. Il croit même que nous sommes amants... Mais qu'est-ce que tu fais ? Tu pars ?

— Oui, j'ai décidé de quitter Saint-Circe... parce que je t'aime, Marie, et que toi tu ne peux m'aimer. C'est sans issue, je préfère m'en aller, laisser la place. Retourne à ton mari, je ne veux pas être la cause de son malheur.

Marie se fige, sous le choc, s'assied sur une chaise près d'une commode, pensive un instant, puis se relève soudain.

— Alex, je ne peux pas vivre sans toi, j'ai essayé... je ne peux plus !

— Sans mon accident, nous n'en serions pas là. Je n'ai jamais voulu que les choses tournent mal entre ton mari et toi. Regarde la situation en face, c'est intenable, tout le monde souffre !

— Tu n'y es pour rien, mais je t'en supplie ne pars pas ! On ne pourra plus jamais se séparer, maintenant, tu le sais aussi bien que moi… Ce que nous vivons depuis quelques jours, c'est ce que nous avons toujours voulu, dès la seconde où nous nous sommes rencontrés. Nous n'échapperons pas à ça. Pourquoi lutter ?

Alex est persuadé que l'amour de Marie n'est pas mensonger, il y croit, plus que jamais. Il y a quelques semaines, il doutait de tout, de lui, de l'amour de Marie… Mais, depuis peu de temps, tout semble différent, elle le regarde autrement. Il ne répond pas, pose sur le lit la chemise qu'il s'apprêtait à mettre dans son sac. Ils plongent dans les yeux l'un de l'autre, puis, dans un même élan, brisent les dernières réticences et s'embrassent avec passion.

Ils ne peuvent se détacher des bras de l'autre, s'étreignent, yeux fermés.

Marie entend un bruit dans le couloir, ouvre les paupières et découvre Pascal dans l'encadrement de la porte. Les yeux brillants, désespéré, il contemple les amants, un pistolet à la main, le long du corps. Marie défait aussitôt son étreinte, se tourne vers son mari, qui, au moment où elle veut lui parler, lui dit :

— J'arrive au bon moment ! Comme c'est émouvant ! La grande scène des retrouvailles !

Marie ne sait que répondre, Alex prend le relais :

— Ce n'est pas ce que tu crois. Je m'en vais… j'étais en train de faire mes valises et de dire adieu à Marie.

Pascal regarde son arme et ajoute, cynique :

— Des adieux ? Pas possible ! Ça, c'est une bonne idée !

— Pascal, arrête ! Pose ce revolver. Tu ne sais plus ce que tu fais !

— Non, je ne sais plus…

L'air absent, dévoré par la jalousie et le dépit, il dit tout bas :

— Toutes les nuits j'ai espéré un miracle, Marie… que le matin, quand tu te réveilles, tu te jettes dans mes bras en disant : je t'aime, tout ça n'est qu'un mauvais rêve ! J'y croyais ! Quel con !

— Mais qu'est-ce que tu veux, à la fin ? Me pourrir la vie ? Je ne t'aime plus, Pascal ! C'est fini ! Si c'est ce que tu veux entendre, pas besoin d'un flingue pour me le faire dire. Avec moi, les menaces, ça ne prend jamais ! Je ne t'aime plus !

Inquiet de la tournure que prend la scène, Alex saisit le bras de Marie.

— Je t'en prie, lui dit-il, alors que Pascal, livide, dévisage sa femme.

Il tremble, incapable de parler, puis regarde son arme. Alex et Marie, conscients du danger, reculent d'un pas et retiennent leur souffle. Pascal se rend compte qu'ils réagissent de la même manière, au même moment : ils ne forment qu'un. Écœuré, il jette à terre son revolver, qui fait un bruit sec en tombant. Alex et Marie se glacent. Pascal, totalement détruit, murmure :

— Ne vous en faites pas… il est vide. Tu sais, Marie… j'attendais seulement que tu me dises : je ne t'aime plus. C'est fait, je n'ai plus rien à faire ici, je vous laisse…

Sonné, Pascal quitte les lieux tel un zombie, c'est à peine si on entend ses pas sur les marches. Marie court à la porte, sous le choc, elle regarde son mari descendre lentement l'escalier ; il se retourne furtivement, échange un dernier regard avec elle. Plus aucune trace de colère dans ses yeux, mais une tristesse immense, l'abandon.

Alex et Marie, de nouveau seuls dans la chambre, ne commentent pas. Ils savent ce qu'ils veulent l'un de l'autre, se comprennent sans un mot. L'intensité de leur regard devient la plus belle des déclarations d'amour. Ils restent ainsi, l'un près de l'autre, assis sur le lit, entre un chandail et un pantalon pliés. Après quelques longues minutes, Marie reprend ses esprits.

— Tu sais, je trouve que cela fait beaucoup de drames, de souffrances. Je ne sais vraiment pas ce que je dois faire. Toutes ces émotions m'épuisent. Regarde la situation en face. Il y a dix minutes, Pascal était prêt à tuer. Son désespoir me rend malade. Il n'a rien fait pour mériter ça. Au contraire… Quand maman ou le docteur Lodz me donnent leur avis, c'est toujours le même conseil : écoute ton cœur ! Tout le problème est là. Je ne sais pas ce que me dit mon cœur…

— Tu devrais peut-être l'écouter plus attentivement, tu finirais bien par trouver la solution. Ce que tu vis, c'est un dilemme : toutes tes solutions sont impossibles… Moi, je ne veux pas être celui par lequel le scandale arrive, je ne veux pas que mon amour pour toi détruise Pascal. Si tu dois continuer à être malheureuse, à hésiter entre ton mari et moi, je préfère m'en aller, m'effacer.

Marie, stupéfaite par la réaction d'Alex, le regarde dans les yeux en serrant sa main.

— Je ne sais pas... pourquoi faut-il qu'il y ait toujours quelqu'un qui souffre, quoi que je fasse un homme sera malheureux, terriblement. C'est atroce d'être responsable de ça, du malheur d'un autre.

Marie se lève, contemple les vêtements pliés d'Alex sur le lit, dans le sac ouvert. Elle observe longuement le mobilier de la chambre. Elle connaît chaque objet, chaque photo. Sur une petite table près de la fenêtre, un portrait de Guy et de Gaëlle. Tout à côté, une photo de Pierre enfant.

— Je pense à tout ce que nous avons vécu ensemble depuis si

longtemps, toutes nos tentatives, il n'y a pas eu que du bon, mais je n'étais sans doute pas assez mûre, trop entière, trop exigeante...

— C'est comme ça que je t'aime.

— Ce n'est quand même pas tous les jours facile de vivre avec quelqu'un d'aussi pénible que moi, aussi catégorique, aussi changeante.

— Tu nous y as habitués. Une année au Liban, une autre au Kosovo, la bougeotte, la vocation de venir en aide aux autres, aux plus démunis, on dirait parfois que tu as oublié d'être heureuse pour toi-même. Tu ne crois pas que le moment est venu ? Tu n'es plus une gamine !

— C'est affreux ! Pascal, je l'ai vraiment aimé, peut-être même que je l'aime encore. On ne se marie quand même pas en dépit du bon sens, sur un coup de tête ?

— Je crois que tu as besoin d'être sûre de tes engagements. Je pense qu'il serait préférable que je ne parte pas tout de suite. De toute façon, j'ai encore quelques détails à régler avec Béatrice et la mairie pour assurer l'avenir des carrières. Je dois bien ça à papa et à Pierre. Je te préviendrai de mon départ, d'ici deux ou trois jours.

Marie, émue par tant de compréhension et de tendresse, regarde Alex avec amour. Il a vraiment changé. L'homme qu'elle a devant lui n'a plus rien à voir avec le sauvage fou des loups. Depuis que tous ces deuils l'ont frappé, depuis cet accident dont il s'est sorti de justesse, il s'est assagi, est devenu plus humain. Marie saisit le sac posé sur le lit et le place sur un fauteuil.

— Ne pars pas maintenant... Ce soir, je vais passer voir Béa et après...

Elle ne termine pas sa phrase, n'a pas envie de dire qu'elle passera voir Pascal pour lui expliquer, tenter de le consoler.

Quand Marie sort de chez sa sœur, elle est toujours aussi déchirée entre les deux hommes de sa vie. La nuit est noire. Seules quelques cigales viennent rompre le silence ; un petit vent marin fait frissonner les oliviers et les tamaris. Elle appréhende de se retrouver chez elle. Pascal y sera-t-il ? Dans quel état ?

Quand elle arrive à la villa, aucune lumière. Marie traverse les pièces, hésite avant d'ouvrir la porte de sa chambre. Pascal dort, abruti par l'alcool et les somnifères. Il a préféré se droguer pour oublier. Une vague lueur pénètre par la fenêtre grande ouverte, comme si l'air du large allait l'aider à dormir.

Sans un bruit, Marie s'assied dans un grand fauteuil en osier à proximité du lit. Elle regarde dormir son mari, la tête encombrée de questions : « Si je l'abandonne, je risque de le perdre pour toujours, si je reste avec lui, je passe à côté de mon seul amour. Alex ou Pascal ? Celui qui est sous mes yeux, dans un profond sommeil, je ne le connais que depuis quelques semaines, il m'a prise telle que je suis. Il a cru me comprendre et moi, je me suis contentée de répondre à son amour. Si je suis honnête avec moi-même, je dois reconnaître que j'ai accepté de l'épouser sur un coup de tête parce qu'à ce moment-là, Alex me décevait. Je me suis mariée pour emmerder Alex. Je revois encore ses yeux quand il m'a demandé si j'acceptais de prendre Pascal pour époux, je n'oublierai jamais son regard… Ici, dans cette chambre, devant le corps de cet homme, je sais ce que je dois faire : je dois rejoindre Alex, aller jusqu'au bout, ne serait-ce que pour savoir si c'est bien lui, l'homme de ma vie, je le regretterai toujours. Je vais écrire à Pascal, un mot très simple, je le déposerai sur l'oreiller. »

Marie se lève doucement, avance à tâtons dans l'obscurité, vers le bureau de Pascal et rédige :

Mon amour,

J'ai bien réfléchi, je crois que pour l'instant il est préférable que nous prenions un peu de recul. Nous nous faisons trop de mal, il y a trop de malentendus entre nous. Tu me reproches des choses que je n'ai pas faites. Depuis que nous sommes mariés je te suis restée fidèle, j'ai cru en toi, j'ai cru en notre amour. Aujourd'hui, je fais le point, j'ai beaucoup lutté, mais, il faut bien le reconnaître, je ne peux pas vivre sans Alex. Je pars.

Je ne veux pas que tu souffres. Si tu en as le courage et la patience, laisse-moi vivre jusqu'au bout cette relation… Si tu ne peux pas attendre, je comprendrai…

Marie.

Marie pose une enveloppe sur son oreiller et part rejoindre celui que, contre vents et marées, elle aime depuis toujours, espérant que sa décision la conduira vers le bonheur.

Impression réalisée sur CAMERON par

BUSSIÈRE CAMEDAN IMPRIMERIES

GROUPE CPI

à Saint-Amand-Montrond (Cher)
en mai 2001

ISBN 2-87761-186-8.

N° d'édition : 1058. — N° d'impression : 13146-012550/1.
Dépôt légal : juin 2001.

Imprimé en France